AF313409

ENCYCLOPÉDIE

DES DAMES.

IMPRIMERIE DE FAIN, PLACE DE L'ODÉON.

DU BEAU

DANS

LES ARTS D'IMITATION,

AVEC UN EXAMEN RAISONNÉ DES PRODUCTIONS DES DIVERSES ÉCOLES DE PEINTURE ET DE SCULPTURE, ET EN PARTICULIER DE CELLE DE FRANCE.

PAR M. KÉRATRY.

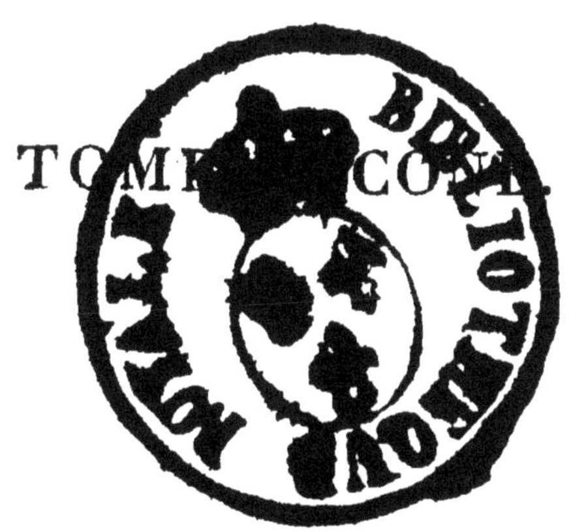

TOME SECOND.

PARIS,

AUDOT, LIBRAIRE-ÉDITEUR,

RUE DES MAÇONS-SORBONNE, N°. II.

1822.

DU BEAU

DANS

LES ARTS D'IMITATION.

LIVRE SECOND.

CHAPITRE VIII.

DU BEAU ABSOLU.

Les contradictions remarquées trop justement entre les auteurs qui ont écrit sur le beau, ont jeté dans plusieurs esprits des doutes sur son existence, considérée d'une manière absolue. Les partisans des valeurs relatives ont argué alors des coutumes de certaines peuplades sauvages, que nous avons déjà reconnues appartenir, non à l'état naturel de l'homme, mais à sa dégénération ; et, citant le nez épaté, les grosses lèvres et le teint de suie des Africains, comme des qualités louées dans ces espèces, ils ont prétendu de là arriver dans chaque pays, et avec le même suffrage, à la belle ligne frontale et aux nuances heureuses d'un teint éclairci qui distinguent l'homme de l'Europe. Nous ne renouvellerons pas ces discussions, qui n'auraient rien de neuf pour nos lecteurs. Nul doute que notre type originel n'ait été altéré dans quelques-unes des grandes familles éparses sur la surface du globe; nul doute que, par suite de cette altération, d'autres besoins ne se soient formés, et que, forcé de se mettre en rapport avec eux, le goût n'ait été dans le cas de dévier très-souvent de ses lois primitives. Ainsi pourrions-nous faire concourir au succès de notre théorie les aberrations même dont elle né saurait être exempte; car elle est applicable dès à présent au nord comme au midi de ce globe; aux Cafres et aux Hottentots comme aux Français et aux Italiens.

Le beau est, à nos yeux, quelque chose de très-réel et de très-positif; mais où lé prendrons-nous; et, dans la divergence de tant d'opinions, quelle sera la nôtre? Jusqu'es à présent, il faut en convenir, les que

écrivains ne nous le montrent nulle part,
tel qu'il nous a été donné de le concevoir.
Par exemple, comment la beauté, si bien
nommée, par Socrate, une courte tyrannie,
exercerait-elle sur notre espèce un pouvoir
presque illimité, si son influence, comme le
même sage l'a ensuite prétendu, ne prenait
sa source que dans des qualités abstraites?
Adam Smith nous parlera de sympathies que
nous sommes loin de vouloir révoquer en
doute : mais cette doctrine, qu'il s'est borné
à établir comme un fait, sans remonter précisément à ses causes, et qu'il a laissée par
conséquent recouverte d'un voile mystérieux,
est aujourd'hui assez bien expliquée. Les
sympathies sont regardées comme les effets
naturels des rapports des êtres; voilà ce qui
les rend attractives ; celles, dans le secret
desquelles on n'a pas encore pénétré, décou-
lent des lois de la même harmonie. Un besoin réciproque, avec la conscience de la
possibilité de le satisfaire, par le rapproche-
ment moral ou physique des moyens dont
ils sont en possession, porte les individus
les uns vers les autres, et dirige leurs penchans.

Ainsi, un auditoire sympathise avec un orateur, un ami avec un ami, un tableau avec ceux qui le regardent, une campagne avec ceux qui s'y promènent ; car, jusqu'à présent, nous ne savons rien qui soit en droit d'agir sur les déterminations humaines, que la possession d'un bien présent, **ou la perspective d'une jouissance éloignée.**

Caduc de sa nature, le corps, par l'organe des sens, réclame la première ; fille de l'éternité, l'âme peut se contenter de l'autre ; mais qu'il s'agisse du moment présent ou de l'avenir, la beauté à laquelle nous aspirons aura été, par quelques points, en contact avec nos facultés. Cet ajournement, toujours en notre pouvoir, est le principal trait caractéristique de notre espèce. L'homme, en effet, est le seul être sur la terre qui librement recule, et souvent d'une manière indéfinie, la satisfaction d'un désir qu'il pourrait contenter sur l'heure. C'est une des sources du beau moral ; c'est la première.

Vainement Hutcheson a imaginé un sens particulier, qu'il n'a garde de définir, pour lui attribuer les motifs de notre horreur du crime, de notre attachement à la vertu.

L'homme sent par ses organes ; il juge par sa raison : cette pièce, telle qu'elle se montre, est encore assez compliquée, sans qu'on s'y permette des adjonctions qui n'expliquent rien, et dont rien n'indique la nécessité. Nous ne croirons pas davantage le père André, quand il nous dira qu'il existe « un » *beau essentiel* indépendant de toute insti- » tution, même divine ! » Nous lui répondrons que nous ne pouvons considérer le BEAU que comme une émanation de la sagesse incréée, ou comme la gouvernant elle-même, suivant la citation : or, dans le premier cas, la justice et l'ordre physique ne sont que le respect des rapports établis par DIEU ; et ici nous avons gain de cause : dans le second, je reconnais quelque chose en dehors de l'action créatrice, je ne sais plus à quoi rattacher la chaîne des intérêts ; et la belle intention qui en assemble les anneaux avec tant de bonté m'échappe tout à coup. C'est me plonger dans une obscurité profonde, en m'annonçant qu'on va m'entourer de lumières.

Bizarrerie bien digne de remarque ! ces penseurs si profonds n'ont pas vu que le BEAU n'est possible devant les yeux de l'esprit, ou hors les réalités de la vie actuelle, que parce qu'il est saisissable dans la vie présente. Le cœur de l'homme ne s'ouvre-t-il et ne se resserre-t-il pas tous les jours devant certaines impressions? Le BEAU existe donc; car qu'est-ce qu'on aimerait, si le BEAU n'existait pas? Mais on trouve du plaisir à aimer : donc le BEAU renferme en lui-même des élémens de plaisir; et, s'il n'en donne l'espoir à l'être sur lequel il agit, il en développe chez lui le sentiment, et il lui apprend sa richesse. Quand son influence se borne à une action excitative, c'est qu'il fait au moins des promesses aux sens ou à la pensée. Dans un bel objet, il y a quelque chose de propre au bonheur de celui qui le trouve tel, souvent de tous les deux. La sympathie le leur a dit.

Les femmes nous ont toujours paru avoir un sentiment plus exquis du mérite de chaque trait en particulier, et de la forme humaine dans son ensemble; ce qu'il y a de certain, c'est qu'elles sont plus sensibles que que nous à la présence du BEAU dans tous les êtres, animés ou inanimés ; qu'elles lui

rendent hommage partout où elles ne re-
doutent pas de rivalité ; qu'elles le chérissent
dans leur propre sexe ; qu'elles se plaisent
plus à arrêter leurs yeux sur une belle femme
que nous sur un bel homme, et que si elles
ont été bien traitées de la nature sous des
rapports physiques, elles trouvent un charme
secret à se regarder elles-mêmes, non qu'elles
y soient entraînées par un sentiment pure-
ment personnel ou par l'espoir du succès
qu'elles se promettent, mais parce que la
beauté, prochaine ou éloignée, placée sur
un front étranger ou leur appartenant en
propre, entre de plein droit dans le domaine de leurs sens et de leur intelligence.
Vous les diriez parcourant un pays où elles
ont long-temps vécu, où elles connaissent
tout le monde et où tout le monde les con-
naît, et où il leur est doux de sourire au
moindre passant.

Gardons-nous ici d'admettre l'empire des
qualités occultes que nous combattrons toujours. Cette disposition du sexe à accorder
partout un prix à la beauté, et, en toute in-
nocence, à se le décerner quelquefois de ses
propres mains, est l'effet d'un mouvement

bien naturel : le BEAU n'étant , dans celui qui en est pourvu, que la manifestation d'un bien en puissance, et, dans celui qui en est frappé, qu'un aperçu de la réalité de ce bien, là où il existe, il devait, comme tous les objets d'une qualité positive, agir beaucoup sur le sentiment et fort peu sur la réflexion ; or, l'être destiné à sentir avec le plus de rapidité, et à exercer le plus fréquemment ses sens, était celui-là même auquel la beauté pouvait se faire le plus tôt reconnaître.

Nos idées ne nous attachent en effet, nous ne nous plaisons à y revenir qu'autant qu'elles sont en rapport avec des sentimens. Cette alliance est nécessaire pour constituer le BEAU dans les ouvrages d'imitation. Comme nous nous proposons de le prouver, si l'on prétendait s'élever au beau moral, il y aurait une condition de plus à remplir : ce ne serait pas assez d'assurer la conformité de l'image avec les sentimens ; il faudrait que ceux-ci fussent encore en concordance avec la justice et la bonté, qui ne sont que l'application du grand principe conservateur auquel l'Éternel a confié la garde de notre espèce. Ici nous différons totalement d'opinion avec quelques écrivains modernes, selon lesquels un objet pourrait plaire à l'idée et déplaire au seutiment. Tout cela rentre dans les subtilités aristotéliques ; on finit par [1] ne plus s'entendre en usant d'un pareil langage. La beauté des nombres tant célébrée par le sage d'Ægine a joui long-temps d'un grand crédit: nous ne voyons pas leur rapport direct avec un tableau ou un groupe sculpté. Cinquante volumes de philosophie ancienne, absolument écrits dans ce genre, ont été nuisibles au progrès des connaissances, en arrêtant, pendant des siècles, l'attention des hommes sur de véritables jeux d'osselets. Dans la recherche du BEAU, une idée bien simple se présentait si naturellement à l'esprit, qu'on est tout étonné de ne pas la voir admise, comme règle universelle dans les arts, ainsi qu'en réalité elle gouverne déjà toutes nos émotions : c'est que tout succès obtenu tient à une satisfaction des besoins des sens, du

---

[1] Entre autres Crousaz, auteur d'un *Traité du Beau*, en 3 volumes, ouvrage d'une métaphysique faible et subtile qu'on lit peu, quoique, comme le père André, il ait beaucoup puisé dans saint Augustin.

cœur et de l'âme élevée à une certaine hauteur de pensées; que plus ces besoins seront
simultanément satisfaits, plus aussi les moyens
par lesquels on sera parvenu à ce but ap-
procheront du vrai type de la beauté; que
si les sens n'étaient pas admis dans ce tribunal, non-seulement la beauté physique
disparaîtrait pour nous dans la nature, mais
qu'il y aurait absence de la beauté morale,
puisque, les sens nous initiant seuls au secret
du bien ou du mal fait à un être par un
autre, nous manquerions de la principale
mesure d'appréciation du vice et de la vertu.
Les sens sont donc là sur leur terrain; les
en exclure, ce serait non-seulement bannir
les arts, mais rendre toute philosophie impossible. Un tort trop commun à plusieurs
penseurs est de vouloir toujours scinder
l'homme : ils en font deux parts; ils les sou-
mettent tour à tour à leur examen, blâmant
l'une, exaltant l'autre, dans un tout indivisible. Cette marche est aussi contraire aux
progrès de la science qu'aux intérêts de la
vérité; la nature la repousse; nous nous
félicitons d'être, en cela, ses fidèles et peut-
être ses premiers interprètes.

Osons poser en principe que l'état de beauté, pour un être quelconque, est celui où il parvient à sa destination : l'être organisé la trouvera en atteignant le plus parfait développement de ses facultés physiques, l'être moral celui de ses facultés intellectuelles et des vertus qui en sont le développement.

Sans creuser dans cette idée, destinée à s'entourer ailleurs d'un jour plus vif, nous dirons que la beauté absolue n'est ni dans un enfant appelé à être homme un jour, ni dans la fille tendre et délicate avec laquelle il doit s'unir. Ce sera donc l'homme avec la plénitude de ses moyens virils, ce sera la femme avec toutes les grâces formées de son sexe, qui nous présenteront le beau absolu, tel qu'il doit apparaître aux regards de l'artiste et qu'il doit satisfaire les recherches du philosophe. L'enfance et la jeunesse n'en ont pas moins des charmes, et même le genre de beauté propre à leur âge, à leurs besoins, à leurs relations, à l'intérêt qu'elles réclament et aux espérances dont elles ont reçu le dépôt. C'est ce que nous nommerons *beauté relative*.

Ainsi une plante, destinée à donner des fleurs, sera vraiment belle au moment de l'épanouissement de ses boutons; celle, dont nous attendons des fruits, méritera cet éloge dans la maturité de ses baies, de ses pulpes, de ses grappes, de ses régimes, ou de ses productions amentacées; l'arbre qui ne nous doit que son ombre et son abri aura notre admiration, quand il étendra sur nos têtes un dôme de feuillage, protecteur encore de notre toit rustique; et le simple gazon qui assure la subsistance de nos troupeaux, en même temps qu'il doit orner un séjour champêtre, aura deux momens de gloire : l'un quand au printemps il invite nos yeux à se reposer sur son vert tapis, l'autre quand le fer, battu par le faucheur, appelle les villageois à la fenaison, la plus joyeuse des récoltes où la vigne n'existe pas.

Le beau absolu est donc l'accomplissement de la volonté qui a coordonné les diverses parties de la création, qui leur a assigné une fin ou leur a prescrit des devoirs à remplir. Dans l'ordre matériel des êtres, c'est leur état de perfection physique dans l'ordre moral, c'est l'heureux et sage emploi

des dons qu'ils ont reçus de la Providence.
Le cheval arabe, dont Job fait la description
animée, brille de cette beauté absolue,
comme le chevreuil qui bondit sur les collines de Galaad. La rose, qui se balance sur
sa tige, n'en est pas plus exempte que le
fruit qui fait ployer les branches de l'arbuste
dans l'herbage, et le citoyen vertueux et
utile à son pays nous la montre dans la
sphère de ses rapports, comme Dieu nous
en offre le modèle dans son adorable essence.
Tous sont, ou se sont faits ce qu'ils devaient
être.

Telle est la seule théorie que nous croyons
possible d'établir sur le beau absolu, depuis
des siècles, objet de conjectures et de contradictions, dont le résultat a été tantôt de
l'ajourner, tantôt de le nier ; de le traîner
dans la fange des seules voluptés corporelles,
ou de le promener dans les nuages de l'idéalisme ; de lui prescrire des limites qu'il ne
reconnaît pas, ou de le rendre indépendant
même de la sagesse du Créateur, et par
conséquent de le rendre impossible.

La doctrine que nous venons d'exposer
se produit avec peu d'appareil, mais elle

embrasse tout. Mettant chaque chose à sa place , elle ne sort pas de la région des réalités. Nous verrons bientôt que c'est la seule qui soit applicable aux arts d'imitation ; mais auparavant , nous aurons à la suivre dans les deux grandes branches entre lesquelles elle se partage. Il est bon que nous fixions nos idées sur celles-ci. Si nous apprenons en quoi consiste le *beau matériel* , et quels sont les caractères du *beau moral* , nous connaîtrons mieux la force de leur alliance et le charme de leurs sympathies ; c'est alors qu'il nous sera moins difficile de parvenir, par des moyens matériels , à la représentation d'une nature immatérielle. En se prescrivant une autre marche, l'artiste , au lieu d'obéir à une heureuse inspiration , risquerait de se laisser emporter à des élans déréglés , ou de se borner à creuser, après tant d'autres , l'ornière d'une servile pratique. Les talens natifs sont aimables , mais encore faut-il qu'ils aient quelque chose de raisonné dans leurs plus beaux momens de verve ; l'imitation mérite des éloges, mais c'est principalement quand elle porte le cachet d'un génie créateur.

CHAPITRE IX.

DU BEAU MATÉRIEL.

AINSI, envisageant le domaine de la matière dans les élémens soumis à notre action ou aux forces aveugles de la nature, et dans les créations douées de vie, dont les formes sont étrangères à notre puissance, nous dirons des premiers que leur BEAUTÉ n'est qu'une conformité de l'objet et de la place qu'il occupe avec sa destination ; quant à la BEAUTÉ des autres, nous verrons qu'elle ne marche pas sans un sentiment de la perfection des moyens organiques employés par le Créateur pour assurer l'état des individus et la permanence des espèces. Essayons de rendre ces deux vérités palpables, en suivant l'ordre dans lequel nous venons de les présenter. Nous n'avons pas besoin de dire que la convenance de l'objet avec sa destination, qualité rigoureusement nécessaire à l'existence du BEAU dans les corps bruts, se déduira de l'utilité personnelle que nous y trouverons, soit que celle-ci provienne d'un bienfait de la nature, soit qu'elle résulte des qualités communiquées par notre travail. Il est impossible, en effet, qu'appelés à connaître du BEAU, nous le cherchions en dehors de nos propres émotions, surtout dans l'examen des êtres inanimés.

La colonne par elle-même est-elle belle ? a-t-elle en soi ce qui est en droit de plaire ? Nous ne le croyons pas ; nous ne serions pas même disposés à lui accorder d'autre mérite intrinsèque que celui dont pourrait donner l'idée l'arbre amputé à la naissance de ses branches. Si je la rencontre isolée dans la solitude de Palmyre, ou qu'elle m'apparaisse sur le *forum* romain, à l'endroit où fut le temple de Jupiter-Stator, je la vois pourtant avec intérêt ; je puis même en admirer les proportions : mais, dans le premier cas, c'est qu'elle réveillera en moi le touchant souvenir des grandeurs passées ; dans le second, je la supposerai propre à soutenir puissamment les masses dont on lui avait confié la charge. Voilà pourquoi chaque fois que j'ai occasion de traverser la place

Louis XV, je tourne les yeux, avec un sentiment de déplaisir, sur la colonnade du Garde-Meuble, tandis que celle du vieux Louvre possède tout ce qu'il faut pour flatter mes regards. L'une me semble trop grêle pour l'entablement qu'on lui a donné à porter ; dût celui-ci avoir d'autres supports, en fer, par exemple, que je n'apercevrais pas et qui se trouveraient noyés dans les maçonnes, mon esprit est fatigué de l'idée de sa prochaine destruction ; il n'en est pas ainsi du monument élevé par Perrault : rien ne m'inspire des craintes sur sa durée ; les soutiens y semblent parfaitement en rapport avec les masses ; aussi, sous ce rapport, a-t-il toute mon approbation, car il y aurait bien quelque chose à dire sur l'accouplement des colonnes.

J'aperçois dans la campagne un édifice d'une architecture soignée : un élégant péristyle en décore la façade ; et le fronton, éclairé vivement du soleil, semble, à chacun de mes pas, se jouer entre les rameaux des arbres qui ombragent l'enceinte. Vous me dites que c'est un temple, et ma pensée se recueille ; ou bien, vous m'apprenez que c'est la demeure d'un riche propriétaire : j'y consens encore ; mon esprit se prête, sans peine, à loger avec luxe les heureux du siècle. Point du tout : nous approchons et nous découvrons, à la faveur d'une croisée entr'ouverte, que cette construction, dont les dehors ont été disposés uniquement pour fournir un point de vue, ou pour faire *fabrique*, en un mot, n'est qu'une bergerie, ou la résidence d'un simple fermier. **A** l'instant mes idées prennent un autre cours ; de la surprise elles me font passer au mécontentement. La discordance des objets, et le manque de proportions des moyens avec le but, m'importunent tant que j'en ai le spectacle sous les yeux. La rotonde a beau être élégante ; le portique est en vain fraîchement exhumé de Pœstum ou de Pompéia, je me dis qu'il ne fallait ni portique ni rotonde, où une simple chaumière devait suffire.

Vous me placez en face d'un palais impérial ou royal, et vous me faites passer sous un arc-de-triomphe : il y a, dans cette disposition, une belle convenance ; je me plais à lui rendre hommage, car c'est ainsi que l'on doit pénétrer chez les dépositaires d'un grand pouvoir. Mais cet arc de triomphe est petit, chargé d'ornemens, bigarré dans les couleurs des matériaux dont il se compose et indépendamment du défaut de parallélogramme, qu'il rend sensible entre les deux immenses bâtimens, au milieu desquels il est jeté comme un atome, il n'a que les caractères d'un brillant colifichet. Nul doute que, si on veut, en terminant un jour la place du Carrousel, lui conserver un aspect grandiose, il faudra qu'une aussi mince construction disparaisse, à moins qu'on ne parvienne à la lier au château des Tuileries, duquel elle semble plus particulièrement dépendre, à l'aide de fabriques et de plantations qui la relèveraient par la perte même de son aspect solitaire.

Reconnaissez donc que votre architecture antique était trop imposante pour une bergerie, et que vos jolis chapiteaux de bronze manquent de majesté devant la demeure des rois !

Quand je me surprends à regarder, pendant un quart d'heure, les délicieux tableaux de Claude Gelée, croyez-vous que ses ciels si purs, ses fleuves si limpides, ses ruines

grecques ou romaines, et ses admirables
échappées de vue aient seuls déterminé mon
attention? Croyez-vous que je me borne à
rendre hommage au talent de l'artiste qui a
exécuté ces choses dans un espace de quelques pouces carrés? Si telle était votre
pensée, nous nous entendrions peu. J'ai dé-
couvert dans les tableaux du plus suave de
nos paysagistes, j'ai entrevu dans la simple
estampe, qui les reproduit pour ma petite
fortune, et le modeste abri dont se conten-
terait cette dernière, et les épais feuillages
à l'ombre desquels j'aime à m'asseoir, et les
eaux dont la transparence a plus d'une fois
arrêté mes regards, et la cabane sous le
toit de laquelle je me suis souvent placé en
idée avec un ami, innocentes richesses des
champs que je n'ai enviées à personne,
mais que j'ai souhaité avoir en ma possession, parce que je sais que le ciel, dans sa
bonté, a pu les départir à tous! Voilà ce
qui m'a rendu stationnaire vis-à-vis d'une
simple toile. C'est le bien-être, c'est le bonheur dont j'ai eu le sentiment, qui ont fait
près de moi la fortune de l'artiste. Il a su
m'offrir l'image d'un état qui sourit à mon

imagination. Sans m'en douter, sans qu'il l'es-
pérât peut-être lui-même quand il tenait le
pinceau , je suis devenu un des principaux
personnages de ses scènes rustiques. Pour
m'associer à celles-ci , rien ne m'empêchera ,
s'il le faut, de reculer mon existence dans
les âges. Avoir été heureux ou avoir pu
l'être , sont deux regrets qui ont beaucoup
d'analogie ; éprouver l'un ou l'autre sera
encore une jouissance que je devrai à l'art
dont le prestige m'aura transporté dans un
site selon mes goûts et mon cœur.

Telle est la seule beauté qui appartienne
au genre du paysage , plus étendu qu'on ne
le croit ordinairement. Berghem , Ruisdaël,
Paul Poter et Berré vous fourniront des
copies fidèles d'une nature commune ; Va-
lenciennes vous offrira de belles lignes et
une disposition de sites pleine de charmes ,
heureux si son pinceau avait su les toucher
avec plus de fermeté ! Salvator-Rosa , si connu
par son style non moins chaud qu'original ,
Michalon et Regnier vous jetteront dans les
terreurs romantiques. Le Poussin , le Lorrain,
les deux Both d'Italie , Watelet leur émule ,
et quelquefois Bertin , parleront à votre âme

une langue plus douce et non moins expressive, parce qu'ils en ont emprunté les accens
à cette partie de la nature avec laquelle la
vie humaine la plus distraite aimera toujours
à se ménager des rapports. Ils vous diront :
« Parviens à posséder un site semblable à
» celui que tu as sous les yeux, ou à disposer
» ainsi celui que tu possèdes, et mènes-y
» ensuite la femme qui t'est chère : elle y
» sera ta Vénus, comme ton modique do-
» maine sera ton Arcadie. » Cette sorte de
peinture, quand elle est bien entendue, a cela
de particulier, qu'elle semble rendre l'homme
à une position primitive. C'est une charmante justification des voies de la Providence ; elle apprend à tous que le bonheur
ici-bas n'a point été mis à trop haut prix.

Tout ce que nous venons de remarquer,
relativement au paysage, est susceptible
d'être appliqué aux moindres objets, dont
il nous est permis d'user dans la nature. Il
le serait avec avantage aux meubles les plus
communs ; et c'est ainsi que nous mettrions
en défaut l'un des interlocuteurs du *Grand
Hyppias*, lorsque Platon conduit Socrate à
demander ironiquement, dans ce dialogue,

quelle est la *beauté* d'une marmite ? Mais c'est dans notre espèce que l'application de ces règles va prendre un caractère plus décisif.

Si le sein ne nourrissait pas, au lieu de parer la gorge d'une femme, il n'y semblerait qu'une monstruosité gênante; si le bassin ne devait contenir l'enfant, la turgescence des reins serait sans motifs; si ces formes douces et arrondies des membres supérieurs, et de ceux qui naissent à la bifurcation du corps, ne devaient être sans cesse en contact avec le nourrisson qu'il faut réchauffer, ou avec l'époux, dont il faut prolonger la séduction, leur morbidesse n'offrirait qu'une simple privation de forces; si ces mains potelées n'étaient destinées à toucher tout sans rien blesser, et à consoler des plaies qu'elles n'ont pas faites, la physiologie n'y verrait que le désarmement d'un être inoffensif, livré avec une sorte de cruauté à des périls inévitables; et si enfin ce sourire enchanteur, ce front timide, ces carnations habilement nuancées du visage, et ce regard velouté qui en est le plus bel ornement, n'étaient destinés à attirer les cœurs, à calmer des passions irritées, ou à réclamer une protection qu'il n'est pas moins doux d'accorder que de recevoir, la femme la mieux pourvue de ces dons n'en serait que plus à plaindre. Ses beautés physiques plaisent, parce qu'elles ont toutes un but, parce qu'elles ont toutes une intention. Anéantissez celle-ci en esprit, plus de moyens de plaire : partant plus de beauté. Quand l'idéalisme prétend conduire ces formes à la perfection, quand, ne leur accordant de matière que ce qu'il en faut pour caractériser l'être auquel elles appartiennent, il les dégage et les rend presque aériennes, il a encore soin d'en conserver le trait primitif. Peut-être même est-il remarquable que les sacrifices, dont il se fait une loi, ne vont jamais jusqu'à effacer les organes affectés aux fonctions essentielles des sexes, mais qu'ils tendent seulement à accroître les rapports de tous deux dans ce qu'ils ont de commun, en leur accordant, avec une mesure presque égale, l'élégance des formes et le moelleux des contours, abus dont nous nous proposons de montrer l'inconvénient.

C'est dans ces vues que quelques statues

antiques nous semblent avoir été exécutées.
Si les avantages physiques, dont la présence
ou l'indication sont, à notre avis, nécessaires
pour constituer le *beau* matériel, ne s'y
montrent pas, l'artiste y a suppléé par des
procédés qui couvrent cet oubli. Certainement l'Apollon du Vatican est d'une exécution
admirable; la vue se plaît à en suivre la ligne
flexible, pure et ondoyante : toutefois nous
ne dissimulerons pas que la vigueur départie
par la nature à l'homme, vigueur dont le
développement est si souvent indispensable
à son existence et à celle de sa famille, est
peu sentie dans ce beau marbre, sur lequel
l'action même paraissait devoir appeler le
travail d'un ciseau énergique. Mais n'est-ce
pas l'élévation de la pensée et la force de
caractère qui recommandent éminemment
ce chef-d'œuvre? cette dernière n'obvie-t-elle
pas au défaut de muscles et d'articulations
par lesquels il appartient de se mani-
fester à la puissance virile ? Qu'on y fasse
bien attention : si, sur cette belle tête, l'œil
n'était pas assuré, la narine indignée et la
lèvre superbe, la figure entière déchcrrait
du rang où la placent nos suffrages. Car ici

la force morale bien apparente me dispense
de m'inquiéter de l'autre ; elle la suppose
au moins dès qu'elle m'en donne le sentiment,
et elle me conduit sans peine à imaginer que
les moyens d'exécution ne manquent pas
où la volonté se produit dans un calme aussi
majestueux. J'admire, non, parce qu'il y a
ici absence de l'énergie à laquelle mes yeux
sont accoutumés, mais parce que l'art m'apprend à la voir ailleurs que sous des saillies
angulaires, parce qu'il me la montre dans
des contours pleins d'harmonie, et qu'il me
porte à la deviner jusque sous des méplats.
Ainsi, par le moyen de l'une de nos natures
habilement appelée dans son travail , le
sculpteur est parvenu presque à se passer de
l'autre. Il a dessiné des formes légèrement
arrondies ; ce sont celles d'un Adonis ; il leur
a donné une attitude ferme qui est celle du
commandement ; il les a fait dominer par
un regard pénétrant où se lit la conscience
d'une supériorité qui me fait croire en elle,
parce qu'elle y croit elle-même et vous avez
l'*Apollon du Belvedère*, comme dans un
style, à bien dire, opposé, vous avez la
Diane chasseresse, mais avec moins de

charmes ; l'artiste dans le premier cas, ayant
corrigé, par une expression virile, la mol-
lesse des formes féminines, et, dans le second, ayant prêté à une figure de femme le
prononcé et la hardiesse de nos traits, sans
y répandre toutes les grâces familières au
sexe qui la réclame.

Comme il n'est pas une partie dans le
corps humain qui ne réponde à une disposition avantageuse à l'individu, qui ne soit
elle-même un organe essentiel, ou qui ne
serve à le couvrir ou à le protéger, il est
évident que le beau matériel réside dans
chacune de ces parties ; et comme l'ensemble
du corps humain jouit seul de la force organique et de la puissance de vie par lesquels
il exerce son empire sur la nature, il est
également reconnu que c'est l'imitation de
cet ensemble, le plus en accord avec lui-
même, que doivent se proposer les peintres
et les statuaires, jaloux de faire passer le
beau matériel dans leurs ouvrages. Ainsi le
marbre doit s'attacher principalement à reproduire les formes. Maître de leur disposition, autorisé même à les balancer dans le
sens de la plus grande perfection de l'être,

c'est-à-dire de la plus grande facilité de ses mouvemens, qui sont sa vraie richesse, puisque tous ses moyens d'action s'y trouvent compris, l'artiste parcourt un cercle assez vaste : c'est celui du vrai et du possible. Tout effort au delà lui est sévèrement défendu. Aussi n'est-ce que par suite d'une erreur complète que les sculpteurs anciens ont figuré des hermaphrodites. Il est encore remarquable que, dans ce délire de leur ciseau, ils ont senti qu'ils n'offriraient au spectateur qu'un objet repoussant, s'ils n'y faisaient prédominer les qualités de cette moitié du genre humain, qui est destinée à exercer, par les sens, une douce séduction sur l'autre. Voilà pourquoi tous les morceaux de ce genre brillent d'une beauté féminine. Si, par une véritable superfétation, on n'y avait joint le signe caractéristique de la force virile, à l'instant la délicatesse des autres parties, la rondeur adoucie des muscles et l'empâtement des chairs donneraient un démenti à la fausse conception de l'artiste; car, les plans de la nature sont décidément arrêtés. Elle a voulu, dans notre espèce, parvenir à l'union morale par celle des corps;

et l'idée de combiner , dans un seul être ,
les propriétés communes aux deux sexes ,
n'est point susceptible d'exécution, par cela
même qu'elle ferait cesser un double besoin
et une loi de réciprocité.

Dans son enthousiasme , trop souvent peu
réfléchi, Winckelmann a pu approuver ces
entreprises téméraires , ainsi que celles dont
l'effet serait d'associer, au beau type de la
figure humaine , les traits plus particulièrement affectés à celle des animaux qui, suivant
nous , s'en éloignent par une dégradation
assez prononcée dès le sommet de l'échelle ,
pour interdire toute idée de pareils rap-
prochemens. En vain nous vantera-t-il son
Jupiter à crinière de lion ; nous lui répondrons que cet animal, comme l'aigle, n'ayant
un air de noblesse à nos yeux que par les
légers rapports de son angle facial avec le
nôtre , il est inutile que nous descendions
jusqu'à lui, pour nous chercher nous-mêmes
dans une nature dont cet emprunt fait tout
le mérite. De tels écarts ne sont pas toléra-
bles, et nous ne saurions partager l'opinion
du célèbre Prussien, lorsque cette fusion de
formes hétérogènes lui paraît un moyen d'ar-

river à la formation d'êtres plus imposans et plus propres à nous élever à la contemplation du BEAU. S'il avait été donné à notre esprit d'entrevoir quelques-unes de ces intelligences vivantes d'un ordre supérieur qui peuplent sans doute une portion du vaste univers, et dont il nous est permis, par analogie, de soupçonner l'existence dans des plaines traversées par tant de globes, nous concevrions qu'en dérobant à cette espèce privilégiée certains traits pour en orner la nôtre, on pût, à la faveur de ce mélange, se promettre une création plus parfaite ; mais ce n'est pas en s'abaissant vers des classes infimes que l'on autorisera jamais un tel espoir.

L'animation de la Galatée, comme fable, renferme quelque chose de plus propre à favoriser l'élan de l'âme vers des régions meilleures. Winckelmann ne nous semble pas en avoir donné le vrai motif ; au moins le type est-il pris ici dans l'humanité et dans un choix heureux de ses qualités les plus éminentes. En s'emparant d'un tel sujet, l'imagination tend plutôt à monter qu'à descendre ; aussi appartient-il mieux à la poésie, dont toutes les hardiesses sont tolérées, qu'aux arts d'imitation, qui, opérant sur de simples surfaces, se bornent à la reproduction instantanée des formes corporelles, sans faire passer les esprits par les nuances progressives auxquelles la plume de l'écrivain prête une sorte de réalité. Le travail de ce dernier consiste dans une suite de tableaux, tandis qu'il n'est permis au peintre et au sculpteur que d'en offrir un seul; on sent en cela tout le désavantage de la position de ceux-ci. Dans une noble effervescence, oubliant qu'il n'avait que de la toile sous la main, et un moment indivisible à saisir, un artiste moderne est revenu à cette fiction qui nous semble postée aux confins du monde réel et de l'idéalisme, comme pour attester que ce dernier est infranchissable par les arts renfermés dans le cercle d'une exécution matérielle. Nous examinerons, quand il en sera temps, quel a été le succès de cette entreprise courageuse, au moins, si elle ne se recommande pas par un autre mérite.

Le BEAU dans les formes répond donc à chacun des besoins de la vie ; par la configuration des membres il assure le service de l'être animé ; par les proportions des objets externes il acquiert de la valeur, suivant qu'ils s'adaptent à notre usage. Dans tel meuble il demande de la solidité ; dans tel autre il peut se contenter de l'élégance, mais il ne saurait acquérir de prix que par une utilité directe ou indirecte. Que si on cherchait à savoir quelle utilité nous prétendrions trouver dans la basilique d'un temple, dans les ruines d'un portique, ou dans les galeries d'un palais où nous ne porterons jamais nos pas, nous observerions que les relations de l'homme social étendent ses rapports, même avec les objets insensibles, et qu'il en résulte des besoins nouveaux étrangers au corps, mais destinés à charmer la pensée ou à l'attrister, suivant qu'ils sont satisfaits ou contrariés dans ces sortes de rencontres. Ceci rentre dans un autre ordre d'idées ; car l'architecture elle-même passe les limites du *beau matériel*, dès que, cessant de veiller aux distributions d'un domicile commode et agréable, elle devient susceptible, par ses voûtes, ses coupoles, ses supports, le ménagement de ses jours et le grandiose de ses lignes, d'exciter dans l'âme des sentimens nobles ou religieux. Ici commence le *beau moral* ; peut-être conviendrait-il mieux de dire qu'il s'y montre d'une manière plus décidée, car il serait aussi difficile de le retrancher absolument des sensations d'un être aussi intelligent, aussi penseur que l'homme, qu'il le serait de réduire celles-ci à l'idéal de la pensée. Dans la division que nous nous sommes prescrite, nous n'avons eu en vue que de donner un peu de saillie à la partie dominante de chaque nature d'impressions. Leur source sera toujours la même ; mais, comme les relations de la vie humaine constituent sa moralité, c'est par elles que nous allons également fonder le beau moral dans les arts d'imitation.

CHAPITRE X.

DU BEAU MORAL.

Le lecteur nous pardonnera de placer sous ses yeux les premières notions d'une philosophie par laquelle, dans les différens âges, a été occupée l'attention de ce qu'il y a eu de meilleur sur la terre ; il nous permettra également de nous la rendre propre , en y joignant quelques aperçus nouveaux dont se fortifie notre système.

Le sentiment est un , est invariable, est le même dans tous les membres de la grande famille humaine , et peut-être dans toutes les espèces animées. Né avec la vie , si son germe ne la précède, émanation inconcevable d'une région inconnue dans la région terrestre , fusion de l'esprit dans la matière qui l'accepte sans le comprendre, seul secret peut-être que le ciel se soit réservé , il a mis fin, par sa production , à la solitude du Tout-Puissant lui-même. Il peuple l'univers , il

le rend visible et agissant. Le vrai mouvement est son ouvrage. Diversement répandu
à la surface du globe, il y périrait si cette
Providence qui lui a donné l'ÊTRE ne lui
avait accordé des moyens de conservation
et de perpétuité. Ici l'instinct devient son
pourvoyeur et son guide, l'instinct, sorte
de désir sympathique qui se confond avec le
SENTIMENT : là c'est la pensée ; et partout où
cette dernière parvient au raisonnement,
l'espèce s'agrandit, s'élève, prend un rang,
et acquiert des droits dans la proportion de
cette belle faculté.

Nous ne disserterons pas sur la pensée et
sur sa nature. Quelque disposés que nous
soyons à admirer le jeu de ses instrumens,
nous ne la suivrons pas dans son travail,
qui commence à devenir abordable pour
l'intelligence humaine ; car nous regardons
comme peu éloigné le moment où il sera
permis à une philosophie religieuse, la seule
que nous puissions admettre, de soulever un
des coins du voile qui recouvre ces magi-
ques opérations. Nous nous contenterons de
remarquer que la pensée, directrice du SEN-
TIMENT, dépend, dans les diverses espèces,

d'un système nerveux, dont elle suit tous les mouvemens en ligne ascendante et des-cendante. Ainsi, basse et humble dans les êtres chez lesquels ce système a reçu un faible essor, elle étonne chez les autres plus rapprochés de nous; et, dans la classe à laquelle nous appartenons, elle prend un caractère merveilleux de grandeur.

Il est remarquable que partout elle suffit aux besoins matériels de la vie : dans l'homme seul elle les excède.

L'intention, à cet égard, est manifeste ; il est hors de doute que l'on voulait ici que le SENTIMENT parvînt à la moralité : aussi, quelle profondeur dans la pensée ! quelle science de mécanisme dans l'atelier où elle s'élabore !

La pensée détermine le rang de l'être ; elle en est à la fois le guide, et l'échelle de comparaison de son espèce aux autres, et de celle-ci à lui-même. Lumière du SENTI-MENT, elle lui a été accordée dans la proportion de ses besoins originels, avec plus ou moins de largesse, suivant la place qu'il occupe. Dans tel animal elle brille à peine, et comme un lampion prêt à s'éteindre : dans l'homme vous diriez un phare éclatant bâti sur les hauteurs, et aspirant à se mêler aux feux du ciel, avec lesquels il a de l'affinité.

Ayant pour base une capacité de pensée, dont le degré éminent force l'être à s'abstraire et à se juger dans ses propres actes, sur les rapports qui le lient à ses semblables, la MORALITÉ est le type distinctif de l'homme; elle établit ses droits et ses devoirs, elle constitue ses vices et ses vertus, elle en fait une création à part. Il est abject, il est grand par elle, et il n'est l'un ou l'autre que parce qu'il est libre.

Par la moralité l'isolement cesse, et l'isolement serait la mort de la créature humaine. Dans les espèces inférieures, destinées à se soutenir par agrégation, la Providence a établi une sorte de nécessité sociale; d'un besoin organique faisant sortir une ombre de moralité, elle leur a permis d'en recueillir le bénéfice; mais elle leur en a interdit le mérite, à nous seuls réservé! c'est le vrai BEAU de notre nature. Pour que les actes de la vie en reçoivent l'empreinte, deux conditions sont nécessaires:

La première, c'est qu'ils renferment un

bien quelconque fait à l'espèce ou aux fractions de l'espèce ; la seconde, la volonté de le faire, fût-ce au détriment de son auteur. Quoique cette dernière condition semble destructive de l'intérêt personnel, elle en est la meilleure sûreté ; les parties sont comprises dans le tout. En admettant l'hypothèse où elles ne s'y retrouveraient pas, il leur faudrait des indemnités. Plus celles-ci seront éloignées, plus aussi on avancera dans le beau moral, car alors le sort de la société est assuré aux moindres frais possibles ; c'est le moment où la religion se saisit de l'homme. Si l'on supposait un état où une partie des citoyens eût une persuasion forte de la vie future, et où l'autre la révoquât en doute, il est évident qu'il n'y aurait pas de parité dans les mises ; mais cet inconvénient est peu à craindre : il y a sur cela un sentiment enraciné dans tous les cœurs, et, au besoin, il agirait en dépit des croyances négatives.

Les actions nous sont personnelles ou non : vivre avec décence et modération est une chose bonne pour chacun ; la morale le conseille, sans décerner une couronne au sage

volontairement soumis à ce régime. La raison en est simple, c'est qu'il cueille, de sa
propre main, le fruit de l'arbre qu'il a planté.
Dégagée de soucis et d'infirmités, son existence lui en devient plus douce à lui-même.
Si nous croyons devoir à une telle conduite
une portion de nos suffrages, remarquez
bien que nous y serons déterminés par la
présomption favorable qui nous montre,
dans l'homme accoutumé à se contenter de
peu, le magistrat incorruptible et le guerrier prêt à marcher a la défense du pays.
Ainsi, l'œil plein de regret que le Cincin-
natus de M. Chaudet tourne vers sa char-
rue, quand on lui annonce qu'il est promu
à la dictature, m'inspirera un grand intérêt.
J'y verrai un beau moral. Que le même artiste, ou tout autre, dirige le regard de Pu
blius-Décius vers Rome ou le Capitole, au
moment où ce guerrier se voue aux dieux
infernaux, je serai encore plus ému, parce
que le sacrifice sera plus grand.

Les vertus privées cèdent donc le pas à
celles de l'homme d'état; le bon père de famille est estimé, mais le grand citoyen est
l'objet de la vénération publique. Quand

six mille habitans de Paris ont escorté les restes de Camille-Jordan au *Père-la-Chaise,* plusieurs ignoraient si cet orateur, d'une si vertueuse éloquence, laissait une femme et des enfans; ils ont appris que ces liens chers existaient pour lui et ils l'ont admiré davantage d'avoir sacrifié, dans une médiocre fortune, des fonctions lucratives à son mandat. Quelques-uns se sont même étonnés, ayant de la peine à s'élever à la hauteur de ce beau moral, et voilà ce qui rend difficile la création d'un esprit public dans un vieux gouvernement recrépi de trois cent mille salariés. Nous louons le mot du Lacédémonien Pédarète, sans songer qu'à Sparte ce mot ne devait exciter aucune surprise.

Plus il y a d'intéressés à un acte de vertu ou de courage, plus il est honoré dans tous les pays. Le cercle de l'approbation s'agrandit avec le dévouement qui la motive. Pourquoi l'humanité et la vraie philanthropie ont-elles tant de charmes? c'est que, dans cette bonté d'un cœur chaud et obligeant, chacun est assuré de trouver sa place. Aimer Fénélon, Titus, Trajan, Marc-Aurèle, c'est s'aimer soi-même. Le fondateur du christianisme n'a pas d'autres droits à l'intérêt des générations. Toutes s'aiment en lui, parce qu'il les aima toutes.

A Dieu ne plaise que nous veuillions relâcher les premiers liens de la sociabilité! On le sait; nos efforts tendent à en resserrer les nœuds; cependant le développement de notre doctrine nous oblige à mettre certaines choses à leur valeur; nous cherchons le beau moral, et, pour arriver jusques à lui, pour en bien saisir les caractères, nous devons le dégager des apparences avec lesquelles on est porté à le confondre.

Vous coulez des jours heureux au sein de votre famille; vous chérissez votre épouse et les gages d'amour qu'elle vous a donnés : cela est bien; cela est dans l'ordre; je vous en félicite, car il est doux de s'asseoir ainsi à l'ombre de sa vigne et de son figuier. Votre dévouement pour ces êtres, en cas d'incendie, ou d'une irruption de brigands, irait jusques à mettre votre vie en péril : je le crois encore. Ces sentimens, quoiqu'ils ne soient pas désintéressés, partent d'une bonne nature; je ne conteste même pas que ce ne soit une vertu. Vous avouerez pourtant qu'elle

est commune ici-bas, et j'oserai vous dire
que vous en partagez le mérite avec les lions
et les panthères. Mais, ce que j'affirmerai
avec bien plus de force, c'est que, si vous
n'êtes d'un commerce sûr, si vos amis ne se
louent de vous, si vous n'avez de l'attachement pour la cité qui vous a vu naître, et
pour le pays auquel vous devez le bienfait
de l'éducation, si vous n'êtes prêt à le dé-
fendre de votre patrimoine et de votre personne, si dans les désastres publics vous ne
savez vous décider à des sacrifices généreux,
au moins en rapport avec vos moyens, toutes vos tendresses de famille ne me montrent
qu'un égoïsme naïf concentré dans une enceinte de murailles. Votre vertu, à mes yeux,
n'a de latitude que celle qui existe entre les
deux pignons de votre hôtel. Vous y filez
une douce existence; cela se comprend, et
je vous conseille de vous y tenir. Mais par
respect pour la vérité, que les mots de patrie et d'humanité ne sortent jamais de votre
bouche! car, vous n'avez pas le droit de
les prononcer, et ce n'est que par profana-
tion qu'ils pourraient se placer sur vos lèvres!

Comme nous l'avons déjà dit, le beau mo-

ral, après avoir dessiné ses premiers linéamens dans les qualités nécessaires à l'individu, se plaît dans la dilatation des cœurs.
L'abnégation personnelle en est le trait distinctif. Si les habitans de Moscow, pour le
salut de leur pays, de leur propre main,
ont embrasé leurs maisons, ils ont eu là un
beau moment. C'était un avis sévère qu'ils
nous donnaient de battre en retraite. Une
cause est mauvaise, elle est perdue, dès qu'elle
provoque à de pareils actes; car il n'est pas
de dévouement du soldat qui puisse balancer
un tel dévouement du citoyen.

Les sacrifices qu'un seul fait à plusieurs,
ou que quelques-uns font à tous, se produisent toujours sous un aspect imposant.
L'empreinte du beau moral y ravit les suffrages sans permettre à l'esprit la moindre
discussion. Une grande armée, rangée en
bataille, représente un nombre d'hommes
égal à la population mâle de l'un de nos dé-
partemens : qu'il serait admirable le mouvement de cent mille soldats citoyens qui seraient sortis de leurs foyers pour repous-
ser une invasion étrangère! Ces élans partent
d'un libre arbitre et d'une détermination

prompte des pays où il y a encore une patrie, mais ils ne se demandent pas; car nul n'a le droit d'en parler que ceux qui consentent à se mettre sur la brèche. Aussi croyons-nous pouvoir reprocher quelque chose de faux à cette hardiesse d'imagination qui conduit une femme d'un talent très-distingué à voter, pour la conservation de l'Angleterre, contre la France, dans l'hypothèse du sacrifice de l'un des deux royaumes aux intérêts du monde civilisé. D'abord, il n'appartient pas à une seule voix de se rendre l'organe d'un grand peuple, quand il s'agit de stipuler dans l'acte de la radiation de son existence; ensuite il est fort douteux que le salut de l'Angleterre importât aux intérêts de la civilisation européenne, tandis que la France en est le foyer. La liberté, les arts, l'industrie, le commerce, les institutions qui élèvent l'homme dans un état politique, les sentimens qui l'ennoblissent à ses propres yeux, peuvent être chers à la Grande-Bretagne : mais elle ne les veut pas hors de chez elle. Accueilli à Londres, le génie des sociétés fuit partout devant sa puissance. Le caractère national des trois royaumes-unis

est envieux et petit; dans sa fastueuse générosité, il veut plutôt paraître grand que l'ê-
tre en effet; il a tout soumis au calcul; il
sait ce que vaut une vertu, ce que rappor-
tent les vices astucieux de ses ministères; il
les blame, mais il en profite. A Sparte, c'é-
tait un égoïsme de quelques stades carrés;
ici c'est de l'égoïsme sur l'Océan.

On n'immole pas aussi lestement un pays
à un autre. Cependant il faut convenir que,
si le bonheur du globe entier exigeait l'a-
néantissement de l'une des régions dont il se
compose, celle qui consentirait à ce sacrifice,
par cela même, mériterait d'en être excep-
tée. Allons plus loin : un enthousiasme, sans
motif, porta Mme. de Staël à faire une supposition insusceptible de réalité; la philosophie peut bien nous permettre d'en hasarder
une autre qui sortira également du domaine
du possible. Si elles n'agrandissent les idées,
ces hypothèses, par la contradiction même
qu'elles éprouvent, servent à les rectifier.
L'essentiel est qu'on ne les prodigue pas.
Voici la nôtre.

L'univers est dirigé avec un ordre merveilleux; tout y est prévu, tout y est calculé

à l'avance ; les limites y sont tracées à chaque système ; les balancemens et les influences
réciproques des grands corps solaires et pla-
nétaires y assurent l'harmonie générale ; on
voit que c'est une pièce faite d'un seul jet ,
mais si , comme un rouage inutile , une
sphère venait à déranger cet accord , ou si ,
pour l'aliment des soleils , il était important
de recourir à l'une d'elles , et que Dieu en
instruisît toutes les créations , celle-là serait
véritablement grande qui, se faisant représenter aux pieds du trône céleste , y tien-
drait à peu près ce langage :

« Père des mondes , tes vues sont bien-
» faisantes , nous le savons , et ton œuvre
» est bonne : il faut qu'elle subsiste. Le globe
» qui nous est échu en partage est ton bien
» comme tous les autres ; tu peux en disposer.
» Ta bonté paternelle pourvoira au sort des
» êtres que tu y avais placés. C'est sous ton
» aile tutélaire qu'ils se réfugient ; car tu
» n'as allumé nulle part l'étincelle sacrée du
» sentiment, tu ne l'as nulle part élevé à la
» moralité pour le laisser s'éteindre. Fais
» donc suivant la sagesse , et sois toujours
» le Dieu de l'univers ! »

Certes, de telles paroles recevraient leur récompense, et toutes les sphères retomberaient plutôt dans un chaos, sous les débris duquel le créateur lui-même voudrait s'anéantir, qu'un seul des individus capables d'une si noble abnégation eût à se plaindre d'en être la victime.

Le lecteur aura rarement à nous reprocher de tels écarts. Renfermés dans les bornes du positif, hors lequel nous ne saurions transporter notre théorie, nous n'en sommes sortis qu'à l'imitation d'une femme justement célèbre, dont nous avons voulu combattre l'erreur. Nous réclamons pour ce désir le bénéfice de l'indulgence qu'elle a trouvée, et que, cette fois, son seul talent lui assurait.

Si, dans les formes corporelles, le BEAU est la puissance de remplir les intentions qui ont présidé à leur création primitive, dans les mœurs il est la volonté d'exécuter ce qui est le plus avantageux pour l'être coordonné à son espèce, en le maintenant dans la vie de relations qui lui a été assignée. Pour étendre aux choses abstraites l'application de ce principe, nous dirons d'une loi qu'elle est belle, quand elle concourt puissamment au bonheur de la cité, comme, dans une cercle plus resserré, nous parlerons de la beauté d'une femme, lorsque l'expression noble et bienveillante de ses traits promettra la compagne disposée à mourir avec son mari Pœtus; à se dévouer au salut de son pays avec Clélie; à élever des citoyens avec la mère des Gracches; à suivre son époux sur la terre d'exil avec Mme. de la Fayette; à se faire enfermer sous des verroux, pour sauver le sien, avec Mme. de la Vallette, et à répandre le bonheur autour d'elle avec une multitude de mères de famille, honneur de leur sexe et charme du nôtre.

Où est la beauté, si elle n'est le gage de pareils actes? En vain avez-vous rencontré dans la même figure la taille d'une nymphe, la fraîcheur d'une Hébé, et la ligne faciale d'une Vénus antique; si la physionomie ne s'anime de pudeur et de bonté, vous vous éloignerez de cet être, où il y a défaut d'accord entre le moral et le physique, pour vous attacher à des formes moins parfaites, mais relevées par un beau caractère de tête.

Quant à notre espèce, le BEAU dans les formes éprouve donc un grand déchet sans

le

le BEAU d'expression. De leur alliance ou de leur état d'hostilité doit résulter un langage universellement entendu. L'artiste ne saurait le méconnaître. Obligé tous les jours de mettre en scène des acteurs vicieux, il n'ignorera pas que la beauté physique s'altère, plus ou moins, par l'habitude des passions violentes, souvent nuisibles à celui qui s'y abandonne, lors même qu'elles ne le sont pas à ceux contre lesquels il en dirige l'effort. Peignez le crime, mais ne le faites pas aimer. Quelques artistes des premières écoles d'Italie ont à se reprocher de n'avoir pas toujours respecté cette loi ; quand les Guide et les Guerchin dessinaient des Hérodiades, ils auraient dû penser que la haine et la cruauté sympathisent peu avec les grâces. On regrette qu'à travers des traits réguliers et agréables même si l'on veut, ils n'aient pas laissé percer davantage cette expression méchante, devant laquelle les cœurs se resserrent, comme les boutons des arbustes sous un souffle glacial.

Le beau moral n'existe que dans la vertu ; où il y a absence de celle-ci, vous êtes coupable de me montrer sans altération le beau physique qui en est, jusqu'à un certain point, l'image. Ainsi vous me mentez avec votre ciseau ou votre pinceau. Votre Antinoüs me répugne ; je ne puis l'admettre que comme propre à des études d'artiste.

Si les vertus deviennent variables, dans leur mérite, avec les sexes et les positions de la vie, il sera prouvé que ce sera de leur utilité même, dans ces diverses manières d'être, qu'elles tirent leur caractère, et par conséquent leur beauté. Cette démonstration nous avancera beaucoup dans celle de notre théorie; car telle est la nature des saines doctrines, qu'on ne saurait faire un pas vers le vrai, sans mettre en évidence quelqu'un des principes sur lesquels elles s'appuient.

La sage Providence a placé plusieurs qualités dans le sein de la femme, sans donner leurs analogues à l'homme et réciproquement.

La pudeur qui se produit dans le sexe, sous les plus favorables augures, serait chez nous d'un médiocre effet, si elle ne nous devenait encore quelquefois embarrassante. Qui en contestera l'utilité, la nécessité même dans l'être destiné à recevoir le dépôt de la famille? La beauté en est donc suffisamment motivée.

Le courage et la fermeté du caractère sont la beauté de l'homme : qui exigera la première de ces qualités de sa compagne? qui n'y verrait même une sorte d'anomalie? Elle est remarquable cette épitaphe rapportée par Adisson : « Ci-gît un tel, d'une famille où » tous les hommes sont braves et où toutes » les femmes sont chastes. » C'est faire à chacun payer sa dette; ces deux lignes renferment plus de choses que le panégyrique de Trajan.

La générosité qui porte à partager promptement et largement avec autrui, à obliger un ami de l'enfance, à consommer un sacrifice pécuniaire de quelque valeur, est rare chez les femmes; peu familiarisées avec le maniement des grandes sommes, ou avec les revers et les succès éclatans de fortune, dont elles ne courent jamais les hasards, elles éprouvent quelque peine à se détacher d'un avantage présent. Par leur peu d'habitude de conclure des affaires d'argent, par leur coutume journalière de le dépenser en petites portions, elles lui supposent en général plus de prix

qu'il n'en a. Rarement les verrez-vous tester
ou léguer une partie de leurs biens ; plus
rarement encore elles y renoncent dès leur
vivant : qui songe à leur en faire un reproche ? personne. Au contraire, cet esprit
de conservation est loué, il devient une
vertu, parce qu'il est à sa place. Occupé
aux vastes entreprises du dehors, le chef du
ménage a besoin d'une administration de
détails au dedans et il la trouve dans sa
compagne ; mais si la même économie réglait
ses actions, s'il devenait méticuleux et par-
cimonieux, sans avoir à subir en cela le joug
d'une nécessité rigoureuse, ce qui pour une
autre est une vertu, chez lui se transfor-
merait en vice et en ridicule.

Certes, personne ne s'étonnera que la religion d'une femme ait quelque chose de tendre et d'affectueux. Obligée plus d'une fois
à user de résignation dans la vie, il est bon
pour elle-même qu'elle en porte le sentiment
au pied des autels. L'empire de la force
devient moins onéreux, quand le ciel même
fait de la soumission un mérite. Vous ne de-
manderez pas qu'un homme, dans ses rapports avec son Créateur, trouve la même

douceur d'épanchemens, qu'il se plaise à en répéter les actes avec le même abandon. Lorsqu'au milieu des sollicitudes de l'existence, la nature lui a presque imposé le droit de se raidir contre les obstacles, vous ne voudrez pas que sa prière coule avec la même onction que celle de son épouse; et vous exigerez, peut-être encore, autre chose de la piété d'un disciple de saint Bruno, qui n'a pas les mêmes devoirs à remplir.

Partout nous voyons des vertus modifiées par les besoins; dans le Nord, où les sexes sont moins vivement entraînés l'un vers l'autre, la chasteté prend le pas sur la sobriété dans l'usage des liqueurs fortes, que semble permettre la rigueur du climat. La tempérance alimentaire est plus commune dans le midi; mais la morale, sous l'autre rapport, y est beaucoup plus indulgente. Cependant nous sommes éloignés d'adopter, en aucune façon, ces condescendances, dans les cas où seraient lésés les droits des tierces personnes. Le meurtre commis dans l'ivresse à Moscow est toujours le crime d'homicide, et l'oubli de la foi conjugale à Rome ou à Naples n'en est pas moins un adultère repréhensible ; nous avons voulu seulement établir le BEAU moral sur la seule base qui puisse le porter : celle de l'intérêt des individus, des familles, des sociétés et du genre humain. Nous ne le connaissons pas autre part ; nous ne croyons pas que les arts d'imitation prennent ailleurs leur modèle, et la philosophie elle-même serait impuissante à se le représenter sous d'autres traits.

Nous avons répondu déjà à plusieurs objections ; en terminant ce chapitre, nous irons au-devant de celle qu'on pourrait emprunter à un célèbre écrivain anglais. Il est certain que, dans sa *Théorie des sentimens moraux*, Adam Smith est loin de partager notre opinion, quand il s'énonce en ces termes, reproduits avec fidélité sous les yeux du lecteur :

« Croire que DIEU aime la vertu et hait le
» vice, comme un homme voluptueux aime
» les richesses et déteste la pauvreté, non
» pour elles-mêmes, mais à cause de leurs
» effets ; qu'il n'aime l'une qu'à cause qu'elle
» procure le bonheur de la société qu'il dé-
» sire par un effet de sa bonté paternelle, et
» qu'il hait l'autre uniquement parce qu'elle

» occasione le malheur des hommes , objet
» qu'il déteste lui-même : cette croyance ,
» dis-je , n'est point la doctrine de la na-
» ture , c'est une subtilité philosophique.
» Tout nous porte à croire que la vertu pa-
» raît à Dieu, tout comme à nous , être
» l'objet naturel de l'amour et de la re-
» connaissance, et cela pour elle-même et
» indépendamment de tout autre motif ; le
» vice , au contraire, être celui de la haine
» et du châtiment. »

Malgré le mérite généralement reconnu
de l'auteur cité , nous tenons ce passage ,
d'une part, pour absolument vide de réflexion ; de l'autre , pour contradictoire à
lui-même. Si une subtilité doit être ici im-
putée à quelqu'un , certes, c'est au célèbre
professeur de Glascow. Dans le cas où la loi
naturelle fût, en aucune manière, étrangère
aux vues du Créateur, nous n'aurions garde
de vouloir qu'il trouvât un motif d'approbation dans le respect dont elle est l'objet,
et de mécontentement dans les atteintes
qu'elle reçoit ; mais le penseur, qui a légué
ce passage à notre examen , aurait-il oublié que la loi naturelle ne peut être , pour

Dieu, que le résultat prévu du mouvement n'a échappé à sa main puissante, et par conséquent qu'elle est son ouvrage, ouvrage d'autant plus admirable, que c'est par lui qu'il nous est donné de nous élever à toutes les notions du bon et de l'honnête. Ne serait-ce pas tomber dans la niaiserie, comme il arrive trop souvent, malgré leurs sublimes concepts, à l'école allemande et à celle d'Écosse, que de s'exprimer ainsi, ou dans des termes équivalens?

« Dieu a fait de l'homme une créature positive, destinée à se mouvoir par des actes libres et positifs. La première règle de ceux-ci doit être la justice, de laquelle jaillissent, comme d'une source, le vice et la vertu. L'un, sans avoir égard à la loi des rapports, brise l'ordre que l'Éternel a voulu; l'autre le conserve. Pour donner plus de force à cette dernière, le Tout-Puissant a encore fait affluer dans nos cœurs le sentiment de la commisération. C'est avec ces grandes ressources et ces beaux matériaux qu'il a élevé l'édifice social, où ses créatures de quelques jours restent assez sous ses yeux pour avoir droit à son indulgence, ou

pour fléchir la tête sous le poids de sa justice : mais, quels que soient leurs torts ou
leurs mérites, c'est par des motifs abstraits,
tirés d'une théorie vague et incompréhensible, puisqu'il ne nous est pas donné d'en
faire l'application, que sa puissance sera
mue et déterminée dans ses irréfragables jugemens ! »

On sent quelles seraient l'inconséquence
et la folie même d'un tel discours ; elles se
manifesteront bien mieux quand nous aurons
opposé l'auteur à lui-même, sans le tirer de
ses propres argumens : « Tout porte à croire,
» dit-il, qu'indépendamment de tout autre
» motif, la vertu semble à Dieu, comme à
» nous, l'objet naturel de l'amour et de la
» reconnaissance. » En faisant une application raisonnée de ces paroles, nous allons les
rendre à leur véritable valeur.

Vous dites tous les jours que la vertu est
belle, que le vice est hideux ; vous ajoutez
que la société doit des récompenses à l'une
et des peines à l'autre : mais récompenser,
n'est-ce pas rendre le bien pour le bien ?
punir, n'est-ce pas rendre le mal pour le
mal ? Vous reconnaissez donc avoir tiré

avantage de cette vertu que vous avez trouvée belle, avoir souffert de ce vice que vous
avez jugé hideux ! Or, que disons-nous autre chose, dans ce volume et le précédent,
que ce que vous confessez vous-même ? Que
nous manque-t-il pour être d'accord ? absolument rien, puisque, de votre aveu comme
du nôtre, la vertu, qui est souverainement
belle, est ce qu'il y a de plus souverainement
utile sur la terre.

Ainsi, si Smith s'est entendu lui-même
dans ce dernier passage, il a reconnu,
contre son intention, que c'est pour leurs
effets conservateurs ou destructeurs de l'ordre que Dieu chérit la vertu et hait le vice,
puisqu'il *punit* et qu'il *récompense ;* actes
qui, nulle part, ne sont dépourvus de motifs ; toute autre doctrine, à notre avis, ne
serait qu'une subtilité qui ne mériterait pas
même d'être nommée philosophique. En
effet, en poussant les choses un peu plus
loin, le kantisme arriverait bientôt à relé-
guer la justice du Très-Haut dans le nuage
des anciennes qualités occultes. Il nous
semble qu'à force de nous morceler, et de
contester l'une de nos deux natures, ou de

vouloir s'en passer dans les études qui ont 'homme pour objet, on prend le plus sûr moyen de jeter des doutes sur l'existence le l'autre.

CHAPITRE XI.

QUELQUES DOUTES ET CONJECTURES SUR LE BEAU IDÉAL.

A la renaissance des lettres, l'antiquité grecque dut se présenter aux regards des peuples sous l'aspect le plus imposant. Ses monumens, par la nature des souvenirs qu'ils réveillaient, étaient ce qu'il y avait de plus célèbre au monde ; ses historiens, en cela puissamment aidés des grâces de leur diction, rendaient le mouvement de la vie réelle à des événemens dont on était séparé par plusieurs siècles ; ses statues que la conquête avait enlevées aux socles d'A— thènes et de Corinthe, sortaient de terre pour se dresser sur ceux de Rome et de Florence ; ses poëtes tragiques avaient disposé les fictions qui attendrissaient ou fai— saient frémir sur tous les théâtres ; et au milieu de cette influence sur la civilisation européenne d'une poignée d'hommes depuis

long-temps réduits en poudre, l'ombre
vénérable d'Homère apparaissait dominant
toutes les autres, puisque le poëte héroïque,
le poëte tragique, l'historien, le peintre et
le statuaire venaient tour à tour lui demander de les laisser puiser à la source des émotions, dont le flot s'épanchait largement de
ses immortels écrits, comme de l'urne d'un
grand fleuve.

Après cela, il n'était pas étonnant que
l'on se passionnât pour une philosophie qui
avait concouru puissamment à cet état de
choses, et qui jadis attira dans l'Attique
tout ce que l'Italie possédait de plus recom-
mandable. Dans un ensemble où plusieurs
parties brillent d'un grand éclat, on est tout
porté à ne supposer aucune médiocrité :
l'école académique recueillit le bénéfice de
cette prévention. Il était difficile, en effet,
de ne pas se persuader que les sages avec
lesquels les Cimon, les Xénophon, les
Phidias, les Zeuxis, les Praxitèles, les Alci-
biade et les Périclès se plaisaient à s'entretenir et venaient se délasser des travaux de
leur art ou de ceux de la haute administration, ne fussent pas des êtres supérieurs.

Recommandés à l'étude des honnêtes gens
par l'orateur consul qui en fit ses délices,
indiqués comme les premières sources du
BEAU par le législateur de la poésie latine [1],
cités comme des autorités par les défenseurs
du christianisme qui les transformaient en
force auxiliaire, seuls ils occupèrent tous les
esprits. On voulut donner une réalité aux
doctes, et quelquefois sublimes, rêveries de
Platon. Après avoir disserté avec lui sur les
nombres et sur le mode plein, ou chromati-
que, on se passionna pour le beau idéal, dont
il nous semble que ses ouvrages contiennent le germe. Ce ne fut pas assez d'admettre l'existence de cette sorte de beauté dans
les mœurs, dans la conduite privée, dans les
doctrines et dans les sentimens : on en rêva
l'introduction dans les arts, qui n'existent
que par une imitation des plus excellens choix
empruntés à la nature apparente et sensible.

---

[1] *Rem, tibi, Socraticæ poterunt ostendere chartæ.*

     Hor. de Arte poëtica.

 . . . . *Vos, exemplaria græca*
Nocturnâ versate manu, versate diurnâ !

     Idem.

Cette erreur a eu une noble origine, et, ainsi qu'elle n'a pu prendre racine que dans de grandes âmes, elle a droit au respect. Frappés sans doute des imperfections du monde moral, les sages se réfugièrent dans une patrie meilleure, de laquelle ils ont envisagé avec une sorte de dédain, le monde organique, sans songer que ce dernier est bien et qu'il est irréprochable en son espèce, puisqu'il vient de Dieu, tandis que l'autre, soumis en beaucoup de points à nos modifications, peut l'être également à notre censure.

C'est de cette région élevée, mais vaporeuse, que plusieurs écrivains ont abaissé leurs regards sur notre horizon ; appliquant les notions philosophiques des anciens à quelques-uns des chefs-d'œuvre de statuaire que les siècles ont laissé parvenir jusqu'à nous, ils ont cru y démêler un type particulier de beauté. Celle-ci leur a semblé avoir, pour principal moyen de succès, de faire disparaître tout effort dans les mouvemens, toute aspérité dans les formes ; mais ils n'ont pas vu que la suite de ce procédé devait être de confondre ce que la nature avait rendu distinct ; les Mercure, les Apollon, les Diane, les Cyparisse et les Daphné des Grecs, n'offrent que des différences légères ; l'intervalle destiné à les séparer a disparu sous le ciseau qui invite l'imagination à le franchir avec audace ; ainsi avons-nous justement observé qu'après être arrivés à l'Hermaphrodite, par une dégradation morale ; dont l'origine leur est peut-être échappée, les artistes appelés à Rome sous le règne d'Adrien descendirent à l'Antinoüs ; car l'altération des signes, qui établissent sans équivoque la distinction des sexes, a ce grave inconvénient qu'elle conduit à corrompre le goût, en présentant, chez tous les deux, les formes destinées à plaire dans un seul. Certes les Ganimèdes et les Bacchus antiques avaient trop de rapports avec les plus belles femmes, mortelles ou déesses, copiées, par le ciseau grec, pour que le spectateur ne se passionnât pas également à leur approche. Nous regarderons comme une circonstance propre à accroître l'égarement inévitable des idées, que l'expression donnée par les anciens à leurs figures viriles n'est pas plus sentie, qu'ils n'y prononcent la saillie des muscles et le jeu des jointures. Cette négligence, ou plutôt cette manière de procéder tient à des causes que nous essaierons de faire connaître, quand nous nous occuperons spécialement de l'expression antique. Envisagé d'un certain point de vue, ce que nous nommons *beau idéal* dans les formes a été l'effet d'une dégénération dans les mœurs, s'il n'en a été la cause, tandis que le *beau moral* dans l'expression qui, à quelques égards, a été le correctif de cette aberration, a pris sa source dans la dignité du caractère.

Quand nous avons examiné attentivement les statues attribuées à la sculpture grecque au siècle de Périclès, si tant est que nous en possédions de ce temps, lorsqu'avec le même soin nous avons arrêté nos yeux sur les marbres rapportés à une époque postérieure, nous n'avons pu qu'être frappés de l'influence exercée par la société sur l'art ou que l'ordre social a pu en recevoir. Cependant, sans admettre aucune prééminence de ces ouvrages sur la nature, nous n'aurons garde de contester leur supériorité sur les productions modernes. Nous craignons seulement, qu'entraînés par leur enthousiasme, quelques célèbres critiques n'y aient vu plus que les artistes euxciens n'ont prétendu y mettre eux-mêmes. Par exemple, indépendamment des conjectures que nous nous proposons de développer ailleurs, n'est-il pas remarquable que Pline l'ancien ait employé trois livres de son histoire naturelle à décrire les chefs-d'œuvre du ciseau grec, dont Rome était de son vivant en possession ; que, dans les pages qu'il a consacrées à ce travail, il ait prodigué l'éloge, quelquefois même sans mesure, et que, de sa plume, rien ne soit sorti de relatif au fameux *beau idéal* destiné à prendre plus tard une place si distinguée dans la théorie? Avec la fidélité la plus scrupuleuse, Pausanias décrit les monumens de la Grèce que la main de ses vainqueurs était loin d'avoir encore entièrement dépouillée; il ne met pas en oubli une statue de quelque renom, il ne fait pas grâce d'un Terme; mais nulle part, à la vue de ce qui était le plus propre à exciter son admiration, il ne semble croire que l'artiste ait cherché ses modèles dans une nature supérieure.

Platon est le premier fondateur de la doctrine du *beau idéal* ; ses écrits, par la sublimité des idées que l'on y rencontre

quelquefois, ont donné à cette création de
son génie une forte consistance. Le dialogue
de la justice est celui où le philosophe s'élève
le plus haut et où, par conséquent, il eut
pu appliquer ses principes aux arts dont il
emprunte sans cesse des comparaisons ou
des métaphores : il s'en abstient pourtant.
Bien plus, dans le passage le plus brillant
peut-être de ce livre, après avoir établi que
tout ce qui se montre sur la surface de la
terre n'y est parvenu à l'existence que
d'après un modèle antérieur, déposé dans
la pensée divine, il ne regarde nos actes
eux-mêmes que comme une copie de ce
concept et il finit par ne voir dans les poëtes,
les peintres et les statuaires que des copistes
de copies. Si le sage d'OEgine avait cru que,
de son temps, les artistes puisaient à une
source plus épurée, s'il lui avait semblé que,
franchissant les limites imposées au vulgaire,
ils dérobaient quelques-uns de ces linéamens
déposés dans les archives célestes, pour les
transporter sur leurs statues ennoblies par
ce trait primitif, c'était le cas d'énoncer au
moins des doutes à cet égard ou d'y trouver
la matière d'un simple conseil ; mais, se

contentant d'admettre l'existence du beau idéal dans les mœurs, Platon n'imagina pas que celui-ci pût recevoir ailleurs une ombre de réalité. Sans doute il était, de sa part, peu philosophique, d'envisager sans cesse l'âme dégagée de ses organes, puisque c'était renoncer aux moyens de la saisir par le seul côté abordable de sa nature présente; mais il n'a eu garde d'essayer de faire passer une pareille indépendance d'idées dans le domaine des arts, condamnés à opérer sur la matière et à ne vivre que d'imitation.

Raphaël Mengs et Winckelmann ont eu assez de discernement pour juger combien est importante l'étude de l'antique. Admirateurs passionnés des chefs-d'œuvre grecs du siècle d'Alexandre, et de ceux que l'on rapporte au règne de quelques empereurs romains, ils ont cru y démêler le caractère d'une beauté destinée à primer l'espèce humaine elle-même : c'était une erreur; elle a faussé leur goût. Nous ne saurions plus nous étonner que le premier, quoique artiste, ne concevant pas toute l'élévation de Raphaël d'Urbin, ait vu par delà d'autres enthousiastes se soient faits sur ce peintre. Ainsi la

chevalier d'Azara, après avoir entendu, de
la bouche de son illustre ami, que « les
» femmes de Raphaël ne sont pas assez gra-
» cieuses ; qu'en les dessinant, il abusait des
» contours convexes, qui l'ont fait tomber
» dans une sorte de pesanteur, et que, quand
» il a voulu se garder de ce défaut, il a eu
» un style sec et roide qui était encore plus
» mauvais, » a eu la hardiesse de dire que le
peintre des loges du Vatican, entièrement livré à l'expression sensible, semble n'avoir fait
cas ni du clair obscur, ni du coloris. « Ses tons,
» ajoute-t-il, sont crus ; ses chairs tombent
» souvent dans le rougeâtre, comme on peut
» s'en convaincre, en examinant ses ouvrages
» sans prévention. »

Copions le reste de cette critique, à tous
égards, étonnante dans des hommes qui
faisaient profession d'aimer les arts et d'apporter à leur examen quelques connaissances
de théorie ou de sentiment; ayons le courage
de répéter ce que l'on a eu celui d'écrire ; et
l'on connaîtra comment les partisans du *beau
idéal* apprécient ce que la peinture a produit
de plus grand jusqu'à nos jours ? en voyant
ce qu'ils ne craignent pas de mettre en pa-

rallèle avec le chantre divin de la transfigu-
ration et de l'école d'Athènes, ce qu'ils lui
préfèrent même, on pourra juger de leur
doctrine par les sentences qu'elle leur dicte,
quand ils s'érigent en tribunal.

« Ses tableaux (il s'agit toujours de Ra-
» phaël) ont, en général, je ne sais quoi
» de monotone, qui est désagréable à l'œil,
» de manière qu'il faut les étudier quelque
» temps pour en connaître le mérite. Ceux
» de Mengs réunissent l'expression la plus
» sublime au coloris le plus vrai et le plus
» harmonieux, et à cette intelligence des
» différens effets de la lumière qui, du pre-
» mier coup d'œil, enchantent les yeux et
» dont l'examen imprime un sentiment agréa-
» ble dans l'âme; enfin on y trouve surtout
» cette grâce qui charme le cœur, sans qu'on
» puisse la définir, et qu'Apelles a possédée
» à un degré admirable. Le peintre d'Urbin
» copia ce que la nature offre de plus beau : :
» l'artiste allemand l'a de même copiée, mais
» en l'embellissant ; le premier ne sacrifia
» qu'à la raison : le second, tout à la fois,
» à la raison et aux grâces. »

Ombres des grands artistes qui, depuis

« une succession de siècles, nous transmettez
« l'admiration pour Raphaël, comme un dépôt
« héréditaire, ce langage, s'il a pu parvenir
« jusques à vous, vous aura sûrement indignées !
« Il n'y a point ici d'équivoque ; un autre
« Raphaël a pris la place de celui dans lequel
« le cri de la conscience universelle vous in-
« diquait un maître. Les titres à l'élévation de
« l'un, les motifs de la déchéance de l'autre
« sont connus du public : quel aréopage pro-
« noncera dans cette cause ? Quel qu'il soit,
« si l'arrêt que nous venons de transcrire doit
« être jamais confirmé, nous demandons que
« le *Saint-Paul préchant à Athènes*, que la
« *Dispute du Saint-Sacrement*, que le *Christ*
« *de Lo spasimo di Sicilia*, que les *Loges*
« *du Vatican*, et tant d'admirables *Sainte-*
« *Famille*, soient auparavant livrés aux flam-
« mes ; car lorsque les jugemens sont iniques,
« il faut du moins avoir la précaution de faire
« disparaître les pièces du procès.

Parlons encore de Raphaël. Les partisans
du *beau idéal* ne trouvant pas que les productions de ce peintre répondent d'une manière positive à leurs désirs, toute remarque
qui mettra au grand jour son immense su-

périorité dans la partie de l'art la plus susceptible d'élever la pensée, prouvera qu'ils
s'attachent à une vaine poursuite, tandis
que les succès sont réservés à d'autres conditions de travail.

Les artistes de toutes les écoles ont peint
des Vierges ; nous en avons vu du Poussin,
des Carrache, du Corrège, de Carle Ma-
rate, de l'Albane, de Murillo, de Mignard,
de le Brun, de Rubens, du Guide, du Tin-
toret : eh bien ! dans toutes ces têtes remarquables, soit par les grâces que le pinceau
y a répandues, soit par les touches savantes
qui les distinguent, nous n'en avons pas
trouvé une seule qu'avec de légers change-
mens on ne pût appliquer à une autre destination ; il en est même plusieurs qui nous
ont semblé pouvoir se placer d'une manière très-heureuse sur les épaules d'une
Galatée ou d'une Vénus : toutes celles du
Corrège se prêteraient sans peine à cette
métamorphose : quelques-unes ne seraient
en cela que rendues à leur nature première.
Examinez le charmant tableau de la Madone
à la corbeille, et vous nous direz si notre
assertion est hasardée. Une partie des figu-

res du Guide s'accommoderait peut-être un peu moins de cette substitution, non pas qu'elles aient un caractère vraiment spécial, mais parce que leurs beaux airs de tête et leur coloris argentin sont d'une rencontre moins commune. Cependant leur expression, généralement un peu froide, rentre dans presque toutes les positions de la vie. Avec les Vierges de Raphaël, au contraire, vous ne ferez jamais que des Vierges.

Les caractères élevés qu'il leur a donnés, leur style grandiose, la dignité de leur expression, non moins noble que gracieuse, leur calme imposant dans les soins les plus aimables de la maternité, la pensée profonde que recèle leur front pur et serein, l'air préoccupé par lequel elles nous paraissent souvent initiées aux mystères d'un Dieu hostie, tout nous apprend que l'artiste, en traitant de pareils sujets, puisait ses idées dans deux ordres de choses très-distincts. Le sourire de ses Madones appartenait à la terre et aux doux entraînemens de la nature ; leur regard, au ciel et à l'avenir. Pour lui, véritables arches d'alliance, elles réalisaient sous son pinceau la seule fusion

possible du beau céleste et des beautés ter-
restres ; mais, en penseur profond, il avait
bien vu que ce n'est pas par l'altération ou
l'amoindrissement des formes humaines qu'il
était possible de parvenir à ce résultat.

Sans attacher plus de poids qu'elle n'en
mérite à la préférence donnée, par le chevalier d'Azara, aux productions de son ami
sur les chefs-d'œuvre du grand Raphaël, on
nous demandera ce que nous pensons du
talent de Raphaël Mengs, et cette question
ne laissera pas de nous embarrasser beaucoup ; car si nous exceptons quelques estampes, nous connaissons fort peu de chose
de cet artiste. Mais ici la difficulté de répondre ne deviendrait-elle pas, toute seule,
une réponse assez décisive ? L'Europe sait
les triomphes de nos armes ; les marbres et
les tableaux voyageurs les ont racontés à
une génération entière qui a eu, à Paris,
le bonheur d'en repaître ses regards, et le
regret de les en détacher. Dans cet immense
déplacement des monumens des arts, dont
le poids a laissé des traces sur toutes les
routes qui traversent le continent civilisé,
nous ne croyons pas que les productions

de Raphaël Mengs soient jamais citées en témoignage des vicissitudes de la fortune française. Cependant nous avons eu nos Carinas et nos Acratus ; nos commissaires étaient instruits ; ils connaissaient par leur nom, par la date de leur naissance, les chefs-d'œuvre des divers pays en possession d'une estime universelle ; et puisqu'ils ont négligé d'ajouter à la plus belle conquête dont un peuple ait jamais pu s'énorgueillir, les ouvrages d'Antoine Raphaël Mengs, il faut que ce peintre ait négligé lui-même quelque partie essentielle de son art. Le propre de la recherche du beau idéal doit être, à la longue, d'atténuer la force d'imitation réelle et de refroidir le sentiment, en l'éloignant du spectacle de la nature, au foyer de laquelle il doit sans cesse se réchauffer. Telle aura été la destinée du premier peintre du roi d'Espagne. Son talent reconnu dans le coloris, souvent remarqué dans l'expression, quelquefois même dans la composition d'un tableau, est venu se briser contre sa propre théorie. Après avoir joui un moment d'une grande renommée, Mengs, aujourd'hui presque oublié, prouve

que, dans les arts d'imitation, il n'est pas a
moins périlleux de se prescrire des règles
indépendantes du jeu de la vie ordinaire,
que de prendre l'idéalisme pour guide dans
les études philosophiques.

Une pensée nous a souvent frappés. Comment le *beau idéal* dans les formes pourrait-
il avoir une autre origine que le beau idéal
dans les mœurs, c'est-à-dire, que la nature?
cette dernière n'a-t-elle pas tout dit, n'a-t-
elle pas donné sa mesure précise dans les
admirables proportions humaines ? Il n'y a
pas d'idéal dans le vice et dans la vertu :
pourquoi en supposerait-on dans la beauté
physique et dans le difforme ? Le Satan ter-
rassé par l'archange, de Raphaël d'Urbin,
n'a rien qui m'étonne quant aux deux espèces d'êtres qu'il place sous mes yeux. J'admire le génie avec lequel l'artiste s'est transporté d'une extrémité de l'échelle à l'autre,
mais je ne le crois pas sorti du *possible hu-*
main. Vous ne trouverez pas plus d'idéal
dans la scélératesse des grands criminels,
comme Desrues, que dans la magnanimité
des grands citoyens, comme Épaminondas
et le chancelier de l'Hôpital. Par quel motif

voudriez-vous appeler de l'idéal dans les formes destinées à les représenter ? où le prendrez-vous ? pourquoi l'expression elle-même serait-elle au-dessus de l'acte réel que vous connaissez, que vous pouvez décrire, qui s'est exécuté par des moyens organiques, et qu'il ne vous est donné d'imaginer que parce qu'il est possible? Le respectable Lavater, après avoir analysé plusieurs des belles têtes de Christ, dues au pinceau des Raphaël, des Léonard Vinci, des Rubens, des Holbein, des Poussin, exprimait ses regrets de ce qu'aucune ne répondait à l'idée qu'il s'était faite du fondateur du christianisme. Il y eût désiré une réunion expressive de candeur, de bonté, de force, de pénétra-tion, de dignité, de douceur, d'indulgence dans les actes, et d'autorité dans le com-mandement. Il ajoutait, avec un naïf et noble enthousiasme, qu'une telle image lui eût été à jamais précieuse, qu'il l'eût sans cesse contemplée, qu'elle eût été sa joie dans sa joie, son recours dans les peines de la vie, et qu'il l'eût collée contre son cœur.

Il y a quelque chose de bon et de tou-chant dans ce vœu du célèbre physionomiste;

c'est assez pour refouler le sourire prêt à se placer sur les lèvres du lecteur, car l'excellent Lavater oubliait qu'il est tout au plus permis aux arts d'imitation de rendre un moment donné, et que, par conséquent, leur succès se borne à saisir l'expression caractéristique des physionomies dans ce moment. Or Jésus, quand il appelle à lui les petits enfans, ne devait pas être le même que lorsqu'il chassait les trafiquans du temple ; et sa figure céleste devait dire encore toute autre chose lorsque, pénétrant les projets d'un perfide, il prononçait ces paroles dans l'amertume de son cœur : « Je vous le » dis en vérité, un de vous me trahira ; » instant que Léonard Vinci a parfaitement rendu dans son beau tableau de la Cène.

Certes, l'ensemble invoqué par Lavater était impossible au pinceau, encore plus au ciseau, moins riche de moyens matériels d'exécution. Si une telle figure apparaissait jamais sur la toile, il faudrait qu'elle y descendît du ciel même, et encore elle ne serait pas celle du Christ, puisque la nature humaine, à laquelle il s'était abaissé, et la seule que nous puissions connaître en lui

(l'autre n'étant visible que des yeux de l'entendement), ne la comporterait pas ; nous allons plus loin : il est fort présumable qu'une tête d'un caractère aussi compliqué, en outrepassant nos perceptions, manquerait du premier des mérites, celui d'être comprise par le spectateur.

Tous ces élans de la pensée vers un BEAU inconnu, ne nous semblent que des erreurs de l'imagination, quand celle-ci ne s'exerce pas sur les modèles anciens, évidemment supérieurs à ceux dont nous sommes entourés. Peu familiarisés avec les belles têtes de la Grèce et de l'Italie, et qui devaient être communes à Athènes et à Rome, puisque l'uniformité de leur style et la répétition qu'elles offrent des mêmes lignes, prouvent qu'elles appartenaient réellement à une espèce indigène, nous regardons comme une création du génie antique, ce qui n'était, sans doute, qu'une copie fidèle de la nature. A l'appui de ce sentiment, qu'il nous soit permis de raconter un fait qui nous est personnel. Il n'y a pas long-temps que nous parcourions, avec un dessinateur, un portefeuille d'estampes ; une tête du style grec, re-

marquable par la noblesse des traits et la
sagesse de l'expression, nous tomba sous la
main. Nous cherchions à quel dieu la rapporter, lorsqu'une note placée au bas de
la feuille nous la fit restituer à Xénophon,
lequel, après avoir écouté les hauts faits
d'armes de son fils Grillo, pour continuer
un sacrifice commencé, ceint derechef, avec
courage, la couronne qu'il avait arrachée
de son front en apprenant la mort de ce
jeune homme. Certes, cette tête est d'un
très-beau style; on y trouve même quelque-
chose du Jupiter du Capitole : ce n'était
pourtant qu'une étude de la nature vivante.

Dans un pays où toutes les femmes étaient
belles et où on leur savait gré de l'être, où
les physionomies viriles se produisaient avec
un caractère distingué, où un jour pur et
brillant environnait les corps d'une lumière
constamment égale et où enfin la nature
semblait invitée par le ciel à une fête perpé-
tuelle, l'esprit devait se nourrir des images
du BEAU, les susciter autour de soi et les
exiger de tout ce qui était soumis à son action. C'est sur ce type que l'éloquence et la

poésie, à l'exemple des autres arts, s'exer-
cèrent, si ce n'est dans l'imitation d'une
nature plus rapprochée de l'enfance de la
Grèce, dont Homère avait fourni la tradi-
tion devenue classique, et qui autorisait les
copies plus naïves d'actes, appartenant,
tantôt, à l'héroïsme de ces jours primitifs,
tantôt, rentrant dans les détails de la vie
commune. Ce mélange de grandeur et de
simplicité donnait, aux productions de cette
époque un ton de franchise qui manque
quelquefois à nos ouvrages ; mais une force
secrète conduit insensiblement l'homme à
perfectionner tout ce qui sort de ses mains ;
devenue plus exigeante, la pierre ne con-
sentit qu'à recevoir des contours gracieux
et des proportions remarquables dans leur
accord ; la pensée les avait vus dans le
marbre et il ne restait au talent qu'à les
en faire sortir. Pouvait-il en être autrement ?
était-il permis de supposer que celui dont
le regard embrassait les plus charmans modèles, que celui qui les voyait sans cesse
circuler à ses côtés dans les foyers domestiques, qui les suivait sur les bords de
l'Illyssus et sur la route ombragée d'Éleusis,

qui avait assisté aux danses du Céramique,
peut-être même à celles du mont Taygète,
où la beauté sans voile ne manquait pas de
pudeur , qui , après s'être endormi dans
ces visions, les poursuivait encore de ses
songes et errait au milieu des pas mesurés
des Canéphores, comment, dis-je, supposer
qu'il ne rencontrât ensuite sous son ciseau que
des formes vulgaires ? Se pouvait-il qu'après
avoir vécu avec les rivales des nymphes et
des déesses, il n'esquissât que les obscures
mortelles d'un climat moins favorisé des
cieux ? L'enchantement devait se prolonger
et les restes épars de la Grèce l'attestent
encore, en charmant et en humiliant tour
à tour la civilisation des temps modernes.

La plupart des écrivains qui ont traité ,
avant nous, cette matière , se sont peu
entendus, parce qu'ils n'ont pas attaché la
même valeur aux mots , dont ils ont fait
usage. Par exemple il est facile de reconnaître que le *beau essentiel* du père André
n'est autre chose que le beau idéal de l'ancienne académie, et que celui-ci a été transporté dans les arts d'imitation, par quelques
enthousiastes modernes qui , après avoir

méconnue les bornes de l'esprit humain,
n'ont pas senti que le pinceau et le ciseau
étaient destinés à s'exercer dans un cercle
encore plus resserré que la plume et la
pensée.

CHAPITRE XII.

QU'IL N'Y A POINT DE BEAU IDÉAL.

Si nous nous en rapportons à Winckelmann, les statuaires anciens ont placé la
beauté idéale dans une épuration des formes corporelles. Suivant ses aperçus, n'accordant à celles-ci qu'avec épargne la matière qu'ils avaient sous la main, les proportions d'ailleurs observées, ils ont renfermé
la pensée dans le moindre volume de marbre
possible. Il est évident que, même en suivant cette route, ils ont dû respecter les in-
dications de la nature, et permettre un libre
exercice à ses mouvemens; car, s'ils avaient
franchi la ligne hors laquelle il lui serait
interdit d'agir, loin d'atteindre à cette beauté, qui était le but de leurs recherches, ils
fussent tombés dans le difforme. Notre œil
effectivement ne se prêtera jamais à reconnaître la grâce de l'attitude et l'élévation de
l'intelligence là où toutes les deux manque-

ront

ront d'espace pour se développer, et de moyens pour arriver à une manifestation. Telles sont pourtant les premières conditions de la beauté, dont l'image, si elle n'est en quelque sorte palpable, ne peut se frayer la route de l'esprit. Or une simple indication des organes, comme la fournissent quelques bas-reliefs, et même quelques figures italiques, remarquables par leur ligne fuyante, donnera toujours l'idée d'une nature appauvrie. Vainement essaierez-vous d'y apporter un correctif par l'expression de la tête ; si les membres, qui sont les ministres accrédités de cette dernière, échappant aux proportions requises pour la régularité de leur service, cessent d'être en rapport avec l'intention, votre baguette d'enchanteur aura frappé à faux : ne comptez sur aucun prestige. Il m'importe peu que, méconnaissant les limites de la morbidesse, vous m'offriez un Vitellius chargé d'embonpoint, ou qu'aspirant à la légèreté de la taille, vous décharniez vos figures et les réduisiez presque à leur charpente osseuse, comme la nymphe Écho : vous n'en êtes pas moins tombé dans un excès ou dans un défaut qui m'afflige ; le

délié de vos Vénus sylphides ne me char-
mera pas plus que l'ampleur des Grâces fla-
mandes de Rubens.

La nature renfermant donc en elle l'espace où la beauté commence et où elle finit,
il nous semble que, pour saisir son vrai type
de perfection, il ne reste qu'à s'arrêter au
point culminant de sa marche ascendante.
Ce qui est au-delà n'est que mensonge, et
les expressions employées à décrire un mérite imaginaire, si elles ne sont dictées par
un crédule enthousiasme, appartiennent de
plein droit à la jonglerie. Un heureux choix
dans le cercle que nous venons d'indiquer,
est tout ce qu'une saine doctrine laisse au
pouvoir de l'artiste. Nous n'ignorons pas
qu'avec de tels principes le BEAU IDÉAL
échappe à ses partisans, et que l'Apollon du
belvédère et le Bacchus antique ne sont
plus que de belles créatures, à peine sor-
ties de l'adolescence, telles qu'il peut, qu'il
doit s'en rencontrer dans notre espèce, et
que la fameuse Vénus de Médicis rivalise
seulement de grâces avec une femme parvenue à la perfection de ses formes, dans
ces climats favorisés du ciel, où une stature

« élégante s'embellit encore du doux charme
« de la pudeur.

Et en effet, examinez bien le galbe de
« cette dernière statue : vous en trouverez le
« sein d'une proportion heureuse, mais plus
« prononcé que celui d'une Vierge, chez la-
« quelle le mamelon ne perce pas encore, cir-
« constance dont l'oubli prouve que Cléomènes
« n'a pas eu en vue ce BEAU IDÉAL, pour
« lequel on se passionne après coup. Il a mieux
« fait : il a été vrai. Ce trait pur et onduleux
« qui, dans le seul intérêt de l'organisation
« interne, s'élève ou rentre sans effort, en
« descendant de l'aisselle à la pointe des pieds;
« ce ventre un peu éminent sur la ligne mé-
« diane, mais légèrement déprimé vers les aînes
« dans un esprit de prévision favorable aux
« besoins de l'être producteur ; cette taille
« flexible, quoique peu déliée comparative-
« ment aux créations du ciseau moderne, et
« ces reins qui, dans leur développement, ne
« manquent ni de grâces ni de souplesse,
« m'apprennent qu'ici la nature a eu toujours
« présens à sa pensée des projets primitifs.
« Sous sa main, il n'est pas une beauté qui ne
« réponde à une nécessité du moment actuel

ou de l'avenir. Vous diriez un appartement,
dont les distributions auraient été toutes cal-
culées au profit des maîtres qui l'habitent, et
même des hôtes qu'ils attendent. Quant à
l'expression de pudeur, de laquelle cette
statue reçoit un caractère particulier, nous
n'y voyons autre chose que l'alliance du beau
moral avec le beau matériel, telle qu'un regard observateur a pu la discerner plus d'une
fois, dans les relations de la vie sociale.
Qu'il nous soit permis de raconter ce que
dit M. Falconet lui-même à l'occasion de ce
chef-d'œuvre, sur lequel il se borne à trouver
le mérite dévolu, par privilége, au sexe
chargé de la reproduction de l'espèce humaine, lorsque l'intention créatrice n'a point
été trompée.

« Si on avait vu le sein d'une demoiselle
» M***., à l'âge qu'elle m'a servi de modèle,
» on aurait une pièce de comparaison qu'on
» pourrait cependant rencontrer ailleurs. Je
» ne vois rien qui, pour le caractère général,
» me retrace la beauté de ce modèle vivant;
» les grâces et la simplicité du trait y sura-
» bondaient pour former le plus rare et le
» plus beau corps de femme que l'œil ait

» jamais pu voir. Cette fille était, à l'égard
» de la Vénus antique, ce qu'est celle-ci
» comparée à une belle statue de femme,
» telle qu'on en rencontre tous les jours.
» Puget ne l'eût peut-être pas rendue, dans
» toute sa perfection [1] ; mais son Andromède,
» en y supposant plus de finesse, plus de
» correction, plus de ce douillet, en un mot
» qui la caractérise, son Andromède me la
» représenterait. Je n'ai vu que deux ma-
» tinées ce modèle, dont je me servis pour
» étudier la statue qui s'anime dans les bras
» de Pygmalion son auteur. »

A cette déclaration d'un homme de l'art,
qui admet pourtant un beau idéal, nous
ajouterons, comme nous l'avons déjà observé,
que la tête de la Vénus de Médicis est un
peu petite, soit que l'artiste ait pris ce moyen
usité de donner plus d'élégance à sa figure,
soit qu'il ait méconnu, en cela, la règle des
proportions. Nous dirons avec la même hardiesse que cette tête, tout aimable qu'en soit
le caractère, a été plus d'une fois égalée dans

____

[1] La clarté du sens a exigé ici l'addition de deux mots
dans le texte.

le même genre de beauté, ce dont on conviendra pour peu que l'on se rappelle ce que fut madame Récamier, ou qu'on en juge par ce qu'elle est encore. Le portrait de cette femme si justement admirée, pour son expression de beauté douce et pudique, confirmera dans notre sentiment tous ceux qui, à défaut de l'original, jetterons les yeux sur le charmant ouvrage de M. Gérard.

Nous avons vu, il y a plus de trente ans, une femme qui, sous le nom de la Saint-Ange, a été modelée en cire et exposée dans le cabinet de Curtius, au Palais-Royal. Nous croyons qu'à plusieurs égards, elle n'avait rien à envier au beau antique. Peut-être, s'il eût vécu de nos jours, André del Sarto n'eût pas été fâché de renouveler, d'après elle, une étude de l'un des traits qu'il a le plus heureusement exprimés et qu'elle possédait dans une rare perfection, même au retour d'un voyage fait à l'Ile-de-France.

Est-il autre chose que la partie supérieure d'une belle femme, pleine de vie, de mouvement et de vérité, ce torse nouvellement acheté à Mélos par le gouvernement français, que l'on rapporte à une Vénus, mais

que, par le style austère de la tête, l'élévation de l'une des épaules et l'emplacement
de l'autre, nous croyons appartenir beaucoup mieux à une muse, ou même à toute
autre figure qui aurait tenu une lyre? Aucune des formes de ce beau corps, où la chair
palpite pour ainsi dire sous l'œil, n'indique
ni l'adolescence, ni la première jeunesse,
sans lesquelles on ne se permettrait pas de
représenter la mère des amours. La taille
elle-même n'y semble pas plus avoir été
étrangère au parfait développement de l'âge,
que la gorge aux impressions dont il est
suivi; au moins, dans son jet audacieux, le
sein n'est certainement pas celui d'une jeune
vierge. Vainement, dans l'enthousiasme
d'une possession nouvelle, a-t-on été engagé
à comparer ce très-bel antique à la fameuse
statue de Florence. Celle-ci, plus délicate,
renferme un trésor de grâces qui ne sortent
pas de la nature, et que, par cela même, il
est difficile d'égaler, de surpasser impossible.
Quoique l'un des pieds de la statue de Mélos
nous ait paru d'une grande beauté, et que
la draperie ait des mouvemens très-heureux,
nous n'avons pas laissé de trouver incorrecte

de dessin la partie inférieure de cette figure.
Une des jambes y est évidemment courte;
mais l'œil ne s'en plaint pas à une certaine
distance qui est celle, sans doute, de laquelle
on doit regarder cette production, compa-
rable à quelques égards, comme étude de
femme, au fameux torse tant admiré par
Michel-Ange.

Ce n'est sûrement pas en sortant de la
nature que M. Gérard, l'un de nos premiers
poëtes parmi ceux qui, au lieu d'une plume,
tiennent un pinceau à la main, est parvenu à
fixer sur la toile, une des divinités les plus
épurées des anciens, puisque Psyché était,
pour eux, le symbole de l'âme ou de l'esprit.
On se tromperait fort, si on s'imaginait que
ce savant artiste ait cherché son modèle hors
du monde visible; car la figure qu'il a placée,
avec tant de succès, sous nos yeux, n'est,
dans l'exacte vérité, que celle d'une jeune
personne qui, tout au plus, touche au terme
de son troisième lustre. On voit bien qu'elle
n'a pas encore les grâces formées de la
femme, quoiqu'elle les promette toutes. Rien
là d'étranger au domaine des possibilités :
si nous nous occupons d'abord de la tête,

nous reconnaîtrons que l'expression en est admirable pour l'effet proposé, et nous dirons bientôt en quoi; mais nous soutiendrons également, sans craindre d'être taxés d'erreur, que cette tête n'est point créée, que le peintre l'a prise où elle existait, qu'il a eu le bon esprit de remarquer qu'elle convenait parfaitement à son sujet et qu'autorisé par les parens de la femme aimable à laquelle elle appartient, il l'a fort heureusement transportée sur la toile. Il est vrai qu'il l'a presque idéalisée par l'expression, et c'est un mérite que nous ne lui disputerons pas. Ainsi le génie s'approprie les biens que, dans son vol hardi, il a le bonheur de découvrir; ainsi parvient-il à se rendre propres les conceptions dont le germe lui a été fourni par la nature!

Livrons-nous à un examen rapide de cette production, ce sera revenir sur nos jouissances : ici il y a de la pudeur, et les paupières ne sont point baissées; il y a de la grâce, et il ne perce aucun désir de plaire; il y a de l'intelligence, et l'on semble chercher des pensées. Dans un étonnement paisible, l'œil ouvert et fixe devant l'Amour,

dont elle devine plus la présence qu'elle n'en a
à la conviction, car elle ne le regarde seulement pas, Psyché s'interroge....... C'est le
sentiment qui vient de naître ; c'est l'âme
occupée à étudier de nouvelles impressions,
cherchant à s'en rendre compte, essayant
de dérober à un avenir prochain un secret
qui a pour elle de l'importance, et ne se
permettant pas encore de sonder des doutes
auxquels elle s'arrête pourtant sans effroi.
Les anciens nous eussent souvent parlé d'un
tel tableau s'il avait paru chez eux, car cela
est beau comme le plus beau dialogue de
Platon.

Eh bien ! mademoiselle B......t, aujour-
d'hui madame P....n, a fourni tout cet idéalisme ; et sa physionomie était tellement
préparée à le faire naître, qu'en la voyant
la première fois, après les vingt-cinq ans qui
se sont écoulés depuis que, sous l'œil d'une
mère, elle posa pour ce charmant morceau
de chevalet, nous n'avons pu nous empêcher d'être frappés de la conformité de
l'original et de la copie. Notre exclamation
involontaire en présence de l'artiste, chez
lequel ce tableau, précieuse propriété du

général Rapp, se trouvait en ce moment,
le prouva bien. Ainsi nous parvînmes à obtenir, par notre surprise, la révélation d'un
secret aussi flatteur pour la nature qui offre
de pareils modèles, que pour le talent qui
sait les conquérir à ses compositions.

Est-ce d'idée, est-ce d'étude que M. Gérard a dessiné l'Amour du même tableau?
nous ne le déciderons pas. En toutes sup-
positions, quoique cette figure, à laquelle
le pinceau a eu la sagesse de conserver un
caractère de décence, soit loin de déparer
un tel sujet, nous ne lui reconnaîtrons pas
le même mérite d'expression qu'à la Psyché;
ce que nous remarquons, seulement pour attester que la recherche du *beau idéal* est
superflue, ou plutôt que, les autres conditions de l'art étant respectées, il s'obtiendra
de l'attention de l'artiste à saisir la nature ;
mais cette attention est-elle autre chose que
le génie lui-même ?

Peut-être les formes de cet Amour sont-
elles un peu alongées, et ses ailes trop volu-
mineuses. Ce dernier reproche serait encore
plus applicable au tableau de M. David,
déjà analysé par nous. Les anciens donnaient

des ailes à leurs Génies, à leurs Mercures, à leurs Cupidons et à leurs Zéphyrs ; mais généralement ces ailes avaient peu d'ampleur, surtout celles qu'ils empruntaient des papillons, comme le prouvent plusieurs fameux groupes du Vatican et de la galerie de Florence. Il convient également de remarquer, pour l'acquit des artistes grecs et romains, que les proportions des personnages qu'ils douaient de cet attribut, étaient également sveltes et déliées. Certes, ils se fussent gardés de l'accorder aux quatre Victoires colossales de la place du Carrousel. En voyant ces lourdes statues, on se demande à quoi bon on les a gratifiées d'un moyen de transport dont elles n'ont que faire ; car rien en elles ne permet de supposer qu'une force quelconque puisse les soulever de la pierre cubique sur laquelle on les a assises. Il y a ici une disproportion trop sensible des forces motrices à l'effet qui leur est demandé. Il est rare encore que les anciens aient représenté les Génies autrement que debout, soit que ceux-ci semblent voler avec le char, derrière lequel ils sont placés, soit qu'ils s'appuient avec aisance contre un cippe. Cette attitude n'exclut pas le repos : c'est celle de l'Hercule-Farnèse; c'est aussi celle qui permet le mieux à l'artiste de modeler des formes pures et élégantes. Ainsi le Murillo a-t-il dessiné un ange libérateur dans son beau tableau de St.-Pierre-aux-Liens, et, dans un autre, les trois adolescens, célestes voyageurs qu'Abraham invite à entrer dans sa tente[1]. Une nature éthérée, et dont vous cherchez à me donner l'indication par la légèreté de votre dessin, ne peut descendre ici-bas pour m'y offrir le signe caractéristique de la vie sédentaire; du moins la peinture ne doit point faire choix de ce moment. Dès que vous mettez un tel être sous mes yeux, s'il n'est un Jupiter ou un Therme, il faut qu'il marche, ou qu'il soit prêt à franchir l'espace,

---

[1] Ces deux tableaux capitaux appartiennent à M. le maréchal Soult, duc de Dalmatie, dont la galerie renferme peut-être ce que le pinceau espagnol a produit de plus excellent. Nous y avons remarqué plusieurs ouvrages du meilleur temps du Murillo, entre autres, un *Enfant prodigue* d'une composition charmante. C'est une des plus aimables imitations de la nature qui ait jamais été offerte à nos regards.

comme le Mercure de Jean de Bologne ; les
ailes et l'immobilité s'excluent. Si l'artiste
qui a décoré les socles de la cour des Tuileries a eu l'intention de fixer chez nous
la Victoire par un emblème expressif, il
devait recourir à un autre procédé. Nous ne
prétendons imputer à personne nos jours
mauvais, mais nous ne saurions nous empêcher de dire que, pour s'assurer de cette
déesse capricieuse, le plus pauvre moyen sera
toujours de l'asseoir.

Ceci nous conduirait à l'allégorie, genre
froid qui, dans le système de l'idéalisme,
devrait obtenir de grands succès, puisqu'il
tend à nous enlever à la sphère de la vie
réelle, et qui pourtant de jour en jour perd
de la vogue qu'il avait usurpée. A peine le
pinceau brûlant de Rubens est-il parvenu
à échauffer la toile sur laquelle il a tracé,
avec des couleurs très-poétiques, la vie de
Marie de Médicis. Certes, on peut prédire
que là où cet artiste n'a obtenu qu'un succès d'exécution, d'autres auraient à gémir
sur l'indifférence avec laquelle le public pas-
serait à côté de leurs ouvrages. Toutes ces
vertus personnifiées qui, suivant l'expression

de Bossuet, semblent pleurer autour des tombeaux, ces Amours éternels mêlés à tous les sujets, depuis le Persée du Pujet jusqu'au Pœtus et Arie de Théodon, terminé par Le Pautre, appartiennent à un ordre de choses devenu pour nous sans intérêt. L'allégorie sur la toile n'est, à bien dire, que le bel esprit de la peinture, et le bel esprit, aujourd'hui, ne fera pas plus fortune dans les arts qui s'exercent sur la matière, que dans ceux qui, comme la poésie et l'éloquence, agissent par la puissance de la parole. C'est la représentation des actes de la vie humaine que demande le spectateur. Il ne saurait se contenter à moins ; mais il ne veut pas qu'on cherche à lui donner davantage. Homme, il exige qu'on le traite comme tel ; qu'on lui apprenne souvent jusqu'où il peut s'élever, rarement à quel degré infime il peut descendre. Vous ne le soustrairez jamais à ses rapports et à ses affections, sans désenchanter sa vie, fût-ce pour le transporter dans une région plus sublime. Le terrain sur lequel vous attaquerez son cœur avec le plus de succès, est celui de ses habitudes ; mais c'est aussi celui sur lequel il vous est permis d'appeler les dieux eux-mêmes, tant il est vrai qu'ayant à se représenter des êtres dont la supériorité lui est révélée par une sorte d'instinct, il est obligé d'employer à la formation de leur image les élémens de sa propre grandeur.

Homère et Virgile sont pleins de ces emprunts faits à notre nature. Leur charme est encore tout-puissant quand nous restons de glace dans nos poëmes, parce qu'ils personnifiaient tout ce qui, sous notre main, s'est borné à se couvrir d'un voile allégorique. Nous sommes tout au plus ingénieux où ils ont mis du sentiment; telle est la différence qui existe entre nous : mais elle est immense, en ce qu'ils ne sont pas sortis du cercle des passions humaines, et que nous, au contraire, nous cherchons imprudemment à lui échapper.

M. Gérard a senti cette vérité dans la nouvelle composition qu'il vient de confier au burin de M. Richomme : c'est Thétis qui, à travers les flots, porte des armes à son fils Achille. Elle est mère, elle est déesse. Sa tendresse, qui prévoit l'avenir, s'enveloppe d'un sombre nuage. Fière d'avoir

donné le jour à un héros, elle se résigne;
mais ce n'est que de la résignation : son regard mélancolique dans sa fixité, domine
l'élément liquide et accuse les destins. Le
casque, dont ses mains sont chargées, ne
suffira pas pour préserver une tête si chère;
on se le dit en regardant cette figure d'un
style élevé. Nageant à côté de sa souveraine,
un vieux triton semble entrer dans sa pensée. Il porte avec tristesse le bouclier du
demi-dieu, tandis que, moins prévoyans,
des tritons plus jeunes semblent se jouer
avec les autres pièces de l'armure. Dans les
airs, Bellone, escortée des Furies, s'avance;
et les Amours, qui fuient, traversent le ciel
en sens opposé. Nous ne parlons ni du
char de Thétis, traîné par de noirs cour-
siers pleins de feu, ni de quelques autres
accessoires propres à relever le mérite de
cette belle esquisse, que nous voudrions
voir exécutée sur une plus grande échelle
par son auteur; alors nous chercherions à
ce tableau un point de comparaison : peut-
être le prendrions-nous hors de France.
Pour le moment nous nous bornerons à dire
qu'une étude profonde a révélé à M. Gérard

les secrets du cœur maternel ; que, les appliquant à la prescience supposée d'une
déesse, il a communiqué aux traits de sa
Thétis l'expression d'un sentiment profond,
et qu'en cela il n'a nullement excédé le pouvoir de l'artiste, qui, sans se jeter dans des
régions vaporeuses, coordonne son sujet aux
affections de la vie humaine.

Autant penserons-nous du *Criminel
poursuivi par la Vérité et la Justice*, de
M. Prudhon. Le principal mérite de ce morceau allégorique consiste en ce qu'il sort de
l'allégorie même pour nous rendre présens un
meurtre et sa punition. La victime gît à terre ;
le coupable fuit ; la Vérité guide la Justice
sur ses traces ; elles le pressent toutes les
deux, elles l'atteignent. Thémis a déjà la
main sur la tête de l'homicide ; c'est un véritable drame : nous avons tout vu ; témoins
du forfait, nous le sommes du châtiment ;
tout s'explique sans effort d'esprit ; nous ne
sommes pas sortis des scènes du monde positif ; celle-ci est terrible, et comme d'ailleurs l'exécution est ce qu'elle doit être, il
en résulte que l'artiste a produit un excellent tableau, un tableau d'un grand effet.

Nous avons entendu que M. Giraudet, préoccupé de l'idée du *beau idéal*, comme le prouve le choix de quelques-unes de ses compositions, dans l'esprit de cette doctrine a travaillé à son Endymion : qu'en est-il résulté ? une figure assez bien jetée, quoiqu'elle ne soit pas exempte d'une certaine manière ; des tons assez suaves, des jours argentins et mystérieux ; mais une conception froide : l'artiste, avec beaucoup de talent, a cherché une expression qui, sur la tête du favori de la chaste déesse, pût répondre à l'idée qu'on s'était faite d'un mortel digne de partager de telles amours : son pinceau, après avoir fatigué la toile et la palette, en désespoir de cause, a fini par s'arrêter à un raccourci d'un effet peu heureux, tandis que la nature la moins riche lui eût offert une meilleure étude.

La même intention d'atteindre au beau idéal a sûrement présidé à la naissance de la Galatée, tableau célèbre du même maître, dans lequel il y a de belles parties, que l'enthousiasme d'un premier moment éleva fort haut, que nous avons beaucoup loué nous-mêmes, mais avec des restrictions qui

ont déplu à son auteur, et que notre sujet
nous force d'examiner une seconde fois, car
nous le regardons comme une puissante pièce
de conviction dans le procès que nous avons
à soutenir contre l'idéalisme des formes, le
seul que l'artiste lui-même se soit sans doute
proposé.

Ce qu'il y a de meilleur dans la statue de
Galatée est tout justement ce qu'une nature
bien choisie a pu fournir au pinceau. La
taille n'en est ni svelte ni déliée; et nous ne
nous plaindrons pas de ce que l'artiste se
soit décidé à nous offrir le corps d'une belle
femme dans la plénitude de ses avantages
physiques. Moins délicate que chez la Vénus
du palais Pitti, ici la ligne est plus renflée.
En détachant sa figure déjà très-éclairée,
d'un fonds de lumière, M. Giraudet a voulu
lui donner quelque chose de transparent et
de diaphane, comme plus propre à simuler
le prodige de l'animation qui, après avoir
parcouru tout le torse, est déjà descendue
jusques aux genoux.

Il s'agit d'un miracle de la religion grecque,
miracle qui se compose de deux momens
distincts, celui où Galatée est encore statue

et celui où elle devient femme. Or les miracles ne s'opèrent point par degrés. La saine physique les repousserait s'ils se présentaient ainsi; la science des corps organisés s'en accommoderait encore moins, et la foi la plus robuste ne se prêterait point à les accepter en cet état. L'instantanéité étant pour eux une loi de rigueur, il nous semble que ce sujet échappait aux arts qui ont, pour but et pour unique moyen de succès, une imitation matérielle, ou qu'il devait être manié d'une autre façon, sous la condition expresse de se borner à un seul des deux instans que nous venons de décrire; mais alors comment indiquer le précédent ou la succession de l'autre?

Non-seulement le prestige du pinceau n'a pu aller jusqu'à me montrer de la chair et du marbre sur la même figure; mais le ressort avec lequel on prétend arriver à cette alliance incompréhensible, est au-dessous de l'effet qu'on s'est promis. Les fusées d'un fluide magnétique échappées d'un petit amour, qui est en suspens entre la statue et Pygmalion, se montrent peut-être sous un aspect nouveau; cependant inférieures à l'an-

cienne allégorie du flambeau, et beaucoup
plus difficiles à interpréter, elles n'ont rien
d'assez décisif, lorsque l'action, parvenue
au dénoûment, exigeait elle-même qu'on
frappât un grand coup.

Quant au jeune sculpteur, sans prononcer
s'il est correct de dessin, nous sommes tout
surpris de le trouver là, dans cette attitude
et avec un teint vermeil qui le dispute en
fraîcheur au cinabre de son manteau. On
assure qu'il fut roi : soit, mais il fut également artiste, et nous ne voyons rien autour
de lui qui l'indique.

« Quoi ! serions nous tentés de lui dire,
» ce marbre, œuvre de tes mains, cause de-
» puis long-temps ta douleur; pour lui, ton
» cœur recèle des feux inconnus aux mortels;
» épris de la beauté dont tu crois lui avoir
» confié l'image, tu consumes tes jours dans
» une stérile contemplation; tes nuits elles-
» mêmes sont la proie de l'insomnie; tu
» souffres, infortuné, et rien en toi ne m'offre
» la trace de ton supplice; rien, absolument
» rien dans ta personne, ne dépose de ton
» martyre! Où sont ces joues caves, témoins
» irrécusables des soucis de l'existence; ce

» front brûlant qui résiste à peine à la tem-
» pête des idées, et cet œil enfoncé d'où
» s'échappe souvent, en longs traits, un re-
» gard mélancolique, et quelquefois un éclair
» de génie ? me serais-je abusé ? Que viens-je
» chercher dans ton boudoir, où je n'a-
» perçois pas un seul des instrumens de ton
» art, de cet art dont tu n'as pas à rougir,
» s'il intéresse le ciel à ton amour ? tu as
» menti, malheureux ! tu étais de glace, quand
» tu tenais le ciseau ! tu n'as point frappé le
» marbre de manière à en faire jaillir l'étin-
» celle sacrée ! le ciel ne te doit rien : tu lui
« demandes un miracle, et tel que tu te
» montres à mes yeux, tu ne crois seulement
» pas à la puissance de l'autel dont tu t'es
» constitué le ministre ! »

Une telle critique ne serait pas dépourvue
de fondement. Il est certain que M. Giraudet
n'a répandu sur son jeune sculpteur rien de
ce qui pourrait réveiller une idée de génie
et d'enthousiasme. C'est en quoi nous sommes
obligés de réformer nous-mêmes notre premier avis [1]. Cette figure a coûté pourtant

______

[1] Nous jugeâmes ce tableau dans l'atelier de l'artiste et

du travail à l'artiste : à l'examen elle paraît i-
stantée ; tout nous porte à croire qu'elle est a
une création tourmentée de l'auteur, qui, en r-
sortant de la nature , s'est attaché à la recherche d'une perfection imaginaire. Le premier modèle venu l'eût mieux servi. Que ne
transportait-il sur la toile ses propres traits,
en les rajeunissant ? ils ne manquent ni de
feu ni de verve. Artiste pour artiste, nous
eussions mieux aimé , dans ce tableau ,
M. Giraudet que son Pygmalion.

Ah ! qu'*Atala au tombeau* possède bien
mieux ce qui est en droit de nous plaire !

---

au milieu des nombreux éloges de ses nombreux amis.
Rédigée à la hâte, notre notice fut insérée le lendemain
dans le *Courrier* ; de là elle passa dans l'*Annuaire de peinture* pour le salon de 1819. Nous ne rétractons pas un
seul des éloges qu'elle contient ; car malgré ses défectuo-
sités , il n'y a qu'un artiste de grand talent qui ait pu produire un tel ouvrage ; mais nous croyons devoir insister
sur les observations dont notre examen fut accompagné ;
nous pensons même que quelques rectifications nous seront aujourd'hui permises dans l'intérêt de l'art : c'est le
seul de nos jugemens pour lequel nous réclamons cette
faveur. Au reste , pour prouver notre bonne foi , nous
placerons à la fin de cet ouvrage l'article textuel où nous
parlâmes de la Galatée de M. Giraudet ; le public déci-
dera de celle des deux époques à laquelle nous nous sommes
trompés.

là , point de prestige ; tout est vrai, tout est naturel dans cette composition , où l'auteur se montre touchant , parce qu'il s'est ren- fermé dans une belle imitation de ce qui est , de ce qui se passe tous les jours sous nos yeux , ou au moins de ce que chacun juge possible. Avez-vous vu une jeune femme , une jeune fille enlevée, à la fleur de l'âge , par un de ces accidens rapides qui ne lais- sent pas à la mort le temps de déformer les beautés d'un grand caractère ? alors la vie semble n'avoir quitté que pour un instant le visage qu'elle délaisse ! alors l'amour et l'amitié en larmes se permettent d'espérer que le ciel la rappellera dans un ensemble encore plein d'harmonie. On compte sur un prodige ; on l'attend. Puisque les cordes de la harpe ne sont pas détendues , pourquoi ne frémiraient-elles plus d'un doux son ? quoi ! le vase n'est point brisé, et il aurait perdu son parfum ! c'est ce que l'on se dit en voyant l'Atala de M. Giraudet, tableau où les figures ont l'expression qui leur est propre, et que nous regardons comme une des compositions les plus distinguées de l'école française, dans des jours où il est

donné à cette école de pouvoir dresser son
inventaire avec quelque orgueil.

On méconnaîtrait nos intentions, si on
supposait qu'un autre désir que celui d'é-
clairer une question pleine d'intérêt nous a
dirigés dans l'examen des ouvrages soumis
à notre critique. Exposés au grand jour,
suspendus aux murailles de nos musées, ils
nous ont semblé dans le cas des écrits ré-
pandus par la voie de la presse, et qui, pareils à celui dont nous sommes, en cet instant même, les éditeurs, peuvent devenir
l'objet d'une discussion publique. La renommée qu'il s'est si péniblement acquise
est la propriété la plus précieuse de l'artiste.
Nous le savons : y toucher, si l'art en personne
ne l'ordonnait, serait un délit. Jouer avec elle,
serait également à nos yeux un tort que nous
n'aurons garde de commettre. Eh! quel profit
nous reviendrait-il d'affliger des amours-
propres ou de les enlever à leur doux repos ?
de mettre en fuite de charmantes illusions,
ou de manier, avec l'imprudence de Philoctète,
la flèche d'Hercule, au risque de la voir
retomber sur nous-mêmes ? N'avons-nous
pas à cœur de faire valoir ce que la terre

plantureuse de France a produit d'excellent ?
assis sous les branches protectrices de l'arbre,
irons nous en déchirer le feuillage ? Non ,
cette démence ne sera pas la nôtre ! Ayons
la force de l'avouer : l'ombre de Boucher
nous a glacés d'effroi. S'il est grandi, il n'en
est que plus à craindre ; s'il a perfectionné son
dessin et raffermi ses pinceaux, ce n'en
est pas moins Boucher, et il nous inspire
autant de terreur que s'il nous arrivait de le
voir juché sur les échafauds de Luciennes
et de Trianon.

Resterait-il trop peu aux peintres et aux
statuaires, si on parvenait à les convaincre
qu'ils auraient tort de s'épuiser dans la poursuite d'une prétendue beauté idéale, reflet
appauvri des formes substantielles, quand
ils sont possesseurs de réalités hors lesquelles
il n'y aura jamais pour eux qu'égarement et
déception ? Elle est extraordinaire, en effet,
cette prétention de faire mieux que le créateur et de le faire précisément avec les
mêmes matériaux qui ont été au pouvoir
de la main divine ! Vous parlez d'une nature
plus parfaite : nous n'en contesterons pas
l'existence ; mais qui vous a dit qu'elle soit

en rapport avec les données du type humain,
à l'imitation duquel vous êtes encore obligé
de vous soumettre ? Nous n'ignorons pas
que de grandes autorités ont ouvert la route
qu'il nous tarde de clore, et que plus d'un
enthousiaste a voulu attacher son nom à la
gloire des découvertes dans ces plages in-
connues : nous excusons de nobles erreurs ;
mais nous ne voulons pas qu'elles égarent
la pensée de l'artiste. Si nous croyons devoir
descendre du socle la statue de Winckelmann, ce n'est ni pour la briser ni pour la
déshonorer ; car dans les temps ou il a écrit,
il a été utile en échauffant l'imagination de
ses lecteurs plus peut-être que la sienne
propre. Sans encourir le reproche d'ingratitude, nous avons à cœur de placer sur le
piédestal, une image bien plus belle, bien
plus touchante, celle de la nature parée des
seuls attraits de la civilisation, qui est aussi
la route du ciel et qui se nourrit du seul
idéalisme que comportent les facultés humaines. A ceux auxquels l'art est cher, les
ressources n'auront garde de manquer. L'inspiration ne peut languir, chez eux, faute
d'alimens. L'univers visible leur appartient

avec toutes ses beautés ; le vaste champ des
passions qui agitent le sein de l'homme est
leur patrimoine ; l'expression, ce trésor qui
enrichit Raphaël, est à eux. L'expression !
qu'ils y songent : par elle, il leur est permis
d'animer la nature, de jeter des chaînes d'un
être à l'autre, d'entraîner les cœurs, d'effrayer ou de charmer la pensée, et d'enlever
les esprits jusqu'aux régions où le sentiment
peut se supposer plus pur et plus sympathique. Mais alors même leur succès ne sera
bien assuré que par l'exacte représentation
des mouvemens de l'âme et des formes corporelles. Tel est leur moyen d'ascension vers
le seul BEAU idéal qu'avoue notre nature. Si
le père des douze tribus, dans son pèlerinage,
vit en songe des intelligences éthérées descendre ici bas et remonter vers leur céleste
patrie, elles lui apparurent sous une enveloppe humaine ; encore avaient-elles pour
appui une échelle dont les premiers degrés
touchaient à la terre, tandis que les derniers
se perdaient dans la voûte azurée : c'est par
cet unique chemin que l'on peut se promettre de nous conduire au fort et au gracieux, à des émotions douces et à des fris-

sons de terreur, à tout ce que le sentiment,
dans sa candeur, laisse transpirer de naïf, et
à tout ce qu'il possède, dans son énergie,
d'imposant et de sublime.

« Jeune artiste ou littérateur, à l'impa-
» tience duquel il tardait naguères de nous
» intenter une accusation qui nous eut af-
» fligés, celle d'aimer froidement l'art et de
» le dépouiller du plus puissant motif de
» votre enthousiasme, nous nous flattons de
» vous avoir conquis à notre doctrine. Ce
» n'est pas vous désenchanter que de vous
» montrer votre vrai modèle. En détrônant
» une divinité fantastique, nous vous avons
» demandé vos hommages pour celle qui
» existe de sa propre vertu. C'est un culte
» de raison qu'elle attend de vous. Elle re-
» pousse votre amour, s'il n'est justifié. Il
» n'y a pas plus de QUAND MÊME dans les
» arts qu'en politique. La nature est assez
» riche pour suffire à vos élans ; elle ren-
» ferme assez d'ineffables beautés, pour
» qu'astreints à une fidèle imitation vous
» soyez encore réduit à gémir devant elle,
» dans le sentiment de votre propre impuis-
» sance. Quand une perspective superbe se

» déroule à votre vue, pourquoi tourneriez-
» vous ailleurs des yeux égarés ?

» Soyez vrai, et vous serez sublime ! soyez
» attentif aux œuvres du Très-Haut, et vous
» serez touchant ; car un but de bonté brille
» aux confins de toute création ! Combien
» de vérités échapperont encore à la science
» de votre palette et à la recherche de votre
» ciseau ! que de sentimens resteront enfouis
» dans le marbre, sans que vous puissiez les
» en faire sortir ! que d'accens sublimes vous
» serez obligé de taire ! que d'actes de force
» devant lesquels vous vous reconnaîtrez
» faible et sans moyens ! vainement vous
» aurez arrêté les apôtres Pierre et Jean, en
» face du paralytique assis sur les degrés
» de la belle porte du temple ; vainement
» vous aurez fait Pierre lui dire, avec l'au-
» torité de la parole : *Regarde-nous.* Car,
» c'est peut-être le seul moment dont il soit
» donné à votre pinceau de s'emparer ; vous
» ne pourrez jamais notifier à cet infirme,
» dans l'attente d'une simple aumône, le se-
» cond commandement, qui consiste dans
» les mots suivans, les plus extraordinaires
» dont l'air ait été jamais frappé : Je n'ai

» ni or ni argent : mais ce que j'ai, je vous
» le donne. Au nom de Jésus-Christ de
» Nazareth, levez-vous et marchez ! »

Il est vrai que ce trait et quelques autres,
consacrés par l'histoire religieuse des peuples,
sortent du cercle des aperçus ordinaires. Il
serait imprudent de vouloir demander au
marbre et à la toile des récits à la hauteur
desquels la plus sublime éloquence, libre
dans le choix de ses couleurs, autorisée à
présenter les actes dans leur succession pro-
gressive, ne peut pas toujours atteindre. Ce
serait vouloir renouveler l'entreprise témé-
raire de la *Galatée*. Vaporeux et poétique,
le culte des Grecs abonde en actes de cette
nature, auxquels leur imagination, non
moins riche que riante, a bien su prêter les
formes du langage, mais qui se dérobent à
l'imitation positive des arts. Plus grave et
plus sérieuse, la vie des Romains, avant les
empereurs, appartient davantage au pinceau. Que l'artiste étudie cette noble simplicité ! qu'il s'en pénètre et qu'il désespère
encore de la rendre quand elle touche au
sublime ! Camille banni et combattant pour
sa patrie, Camille refusant de commander à

des citoyens romains, sans un ordre du sénat qui n'a plus, dans le capitole assiégé, qu'une ombre d'existence, est admirable; car il renferme ainsi tout le secret des destinées de la ville éternelle; mais dans cet acte de respect pour les lois de son pays, il appartient moins à la toile qu'à la méditation du philosophe.

Peut-être serait-il également hasardeux de vouloir perpétuer, par des couleurs ou par le marbre, le refus héroïque de la vie, offerte à notre vieille garde aux champs de Waterloo: ces richesses du génie des nations sont réclamées par l'histoire; le pinceau est trop mou pour les perpétuer; le burin de Clio seul est d'une trempe assez ferme pour enfoncer de telles paroles dans le bronze ou dans la pierre; car la sculpture, qui ne peut s'entourer d'accessoires, n'en saurait reproduire l'expression que d'une manière imparfaite. Cependant nous ne saurions nous empêcher de confesser que la tête du *Léonidas* de M. David dit bien des choses! pour qui sait y lire, on y voit, déjà tracée en caractères distincts, l'épitaphe des dignes fils de l'austère Lacédémone.

L'art peut beaucoup ; mais il a aussi des bornes qu'il est essentiel de ne pas méconnaître. Ce n'est pas par le talent qu'il sera jamais accusé d'indigence. Il ne s'agit que de savoir manier l'instrument. Croyez que, vous, paysagiste, vous aurez assez fait quand, après avoir épanché les rayons mélancoliques du soir sur une campagne où le mouvement s'amortit de proche en proche, vous agrandirez ma pensée par le riche développement de vos lignes, la majesté de vos arbres et le style élevé de vos fabriques ; croyez que vous n'aurez pas démérité de la palette, vous, peintre d'histoire, quand les sujets de la vie animée vous auront conduit à reproduire avec fidélité, comme Greuze, mais avec plus de soin que lui, le dernier regard d'un père expirant au milieu de sa famille, ou les inquiétudes d'une femme qui cherche à lire, dans les yeux de son amant, s'il y reste encore de l'amour pour elle !

Dans un champ moins vaste, la sculpture a peut-être plus de devoirs à remplir. Vous l'apprendrez de M. Bosio, lorsque l'exécution en marbre, trop long-temps ajournée, de son *Hercule qui étouffe Achéloüs* [1], vous montrera palpitante de vérité la science du corps humain ; lorsque sa figure de Salmacis, dans un genre plus doux et avec un charmant abandon d'attitude, vous aura révélé les beautés naïves de la femme à cet âge où, inspirant déjà des désirs qu'elle ne partage pas, elle est prête à passer de la puberté a une florissante jeunesse. Le même talent va décorer la place des Victoires d'une statue équestre qui a coûté dix-huit mois d'études et cinq ans de travail ! Ce monument, scrupuleuse imitation d'une nature choisie, représentera une portion considérable de la vie de M. Bosio ; mais, si nous ne nous

----

[1] Nous avons vu dans l'atelier de l'artiste le modèle de cette figure, l'une des plus belles que le ciseau français puisse exécuter. Nous croyons qu'elle offrirait aux regards du public tout ce que le Pujet lui a fait admirer dans son Milon de Crotone, avec un plus large développement de formes, où l'étude sentie de la nature décèlerait encore celle de l'antique. Heureuse alliance qui, sans exclure la hardiesse du travail, donne à ce morceau un beau caractère de simplicité !

trompons, c'est assez pour honorer toute
une carrière d'artiste : on ne meurt pas
quand on laisse après soi de pareils chefs-d
d'œuvre.

LIVRE TROISIÈME.

CHAPITRE XIII.

QUE TOUT LE MÉRITE DES ARTS SE RÉDUIT A L'IMITATION DES FORMES DANS LE BEAU MATÉRIEL, ET DE L'EXPRESSION DANS LES AFFECTIONS MORALES.

Il y a des vérités si évidentes, que leur simple énoncé dispense de les accompagner de toutes autres preuves. Nous pensons que l'axiôme choisi pour titre de ce chapitre est de ce nombre. Cependant nous nous proposons de lui donner plus de force par l'application des principes émis dans cet ouvrage, et en lui reportant tout l'honneur des succès obtenus dans les plus excellentes productions des arts, lorsqu'il est respecté de ceux qui les professent.

Existe-t-il des règles déterminées pour arriver au BEAU dans les arts, et est-ce par l'observation de certains principes que l'on parviendra à plaire aux sens et à captiver l'imagination ? Non. Les arts n'ont qu'un but, celui d'attacher par l'imitation, qui varie avec le caractère de son modèle, susceptible lui-même d'être diversement envisagé ; car nul n'a le droit de dire : « Vous regarderez de ce côté tel homme, telle femme, tel groupe, tel épisode de la vie ; vous les prendrez dans tel rayon visuel ; vous les dessinerez sous tel aspect. » Qui vous assure en effet que, placé dans un autre point d'observation, l'artiste ne saisisse pas des beautés qui vous sont échappées ? La responsabilité du choix lui appartient ; son goût en portera la coulpe ou en recevra l'éloge. L'essentiel est qu'il soit vrai ; le seul moyen de l'être est encore l'imitation ; et, ce qu'il y a de rigoureux, il faut que cette imitation soit déguisée, précepte sur lequel nous allons nous entendre ; car, à nos yeux, loin d'être le but de l'art, elle n'en sera jamais que l'instrument.

Parlons encore une fois la langue du paysagiste ; elle nous servira à rendre nos idées plus nettes et plus précises.

Votre terrain n'offre qu'une surface plane.
Vous y avez désiré quelques-uns de ces accidens qui, en provoquant des sensations
nouvelles, réveillent en vous le sentiment
de l'existence. Vous avez appelé un ordonnateur ; sous sa main, votre propriété est
devenue une toile : il va peindre. D'abord
il examinera ce qui entoure votre domaine
et ce qui le borne, ce qui peut y devenir
un objet de perspective et ce qu'il faut dérober aux regards. Coordonnant le sol à ces
premières données, il en commandera les
mouvemens de manière à faire valoir ce que
vous possédez d'agréable à vos côtés, et
à dissimuler ce qui est sans intérêt. Ici il
fera naître des jours, là des massifs ; mais
au milieu de ce travail, il aura toujours présent à l'esprit ce que les divers sites, dont il
a gardé le souvenir, ont de plus harmonieux dans leur accord, et de plus piquant
dans leurs oppositions, sans que celles-ci
tendent trop à la divergence. Il aura étudié les effets de lumière, leur réflexion dans
l'eau, et, mettant ces connaissances d'observation à profit, il circonscrira vos regards méditatifs dans l'enceinte de ce petit

lac, dont la rive est solitaire, ou il les fera fuir, par une échappée de vue, entre des collines et des bouquets d'arbres, vers le lointain sur lequel se dessinent les portiques d'une ville, au tumulte de laquelle vous restez étranger.

La nature lui a montré le charme de ces harmonies et de ces contrastes : les grands paysagistes l'ont vu avant lui ; si son inspiration est heureuse, votre demeure agreste répondra à vos désirs, comme leurs tableaux à votre pensée ; mais prenez bien garde que rien n'y soit affecté. Les éminences et les dépressions demandent à y être tellement ménagées, qu'elles semblent naître l'une de l'autre, plutôt que d'aucune prévoyance humaine : leur isolement tuerait l'illusion, car rien n'est isolé dans la nature. Le vallon appelle le coteau, la montagne le roc sourcilleux ou le torrent rapide, et le fleuve son rivage. Évitez même tout ce qui sentirait la contrainte d'un artiste assujetti au modèle : imitez, mais ne copiez pas ; c'est le moyen d'être original et vrai tout ensemble.

Maintenant passons aux productions des arts. On a établi des règles du drame et de

l'épopée ; Aristote et Horace en sont encore
regardés comme les législateurs suprêmes.
Le peintre et le statuaire donnent six lon-
gueurs de pied, ou sept de tête, à leurs figures. Il a été décidé que ce qui est en
première ligne d'un tableau en forme le premier plan, et, comme tel, doit se produire
avec la force de jours, d'ombres et de coloris qui appartiennent aux objets le plus
rapprochés du spectateur. Mais Eschyle et
Sophocle ont fait des tragédies avant ces
règles ; Dibutade et Callimaque avaient façonné l'argile et le marbre ; Zeuxis et Parrhasius paraissent avoir fait saillir des figures sur la toile, avant que les proportions
du corps humain fussent fixées par des cal-
culs de relations ; et probablement Homère
n'attendit les préceptes d'aucune poétique
pour chanter le repos terrible d'Achille et les
longues infortunes du roi d'Ithaque. Ainsi
que l'a fait l'ordonnateur de votre terrain,
ils ont tous cherché, en eux, ce qui était le
plus propre à exciter l'intérêt ou à conduire
à des émotions. Il est évident que le succès
des premiers chefs-d'œuvre dut engager à
réfléchir sur les moyens par lesquels il fut

obtenu. Cette étude n'a pu être que très-
postérieure aux travaux des grands artistes.
En nous apprenant ce qu'ils ont évité avec
le plus de soin, ce qu'ils ont le plus fréquemment employé dans leurs compositions, quelques esprits, doués du talent
de l'observation, ont réduit l'art en principes ; mais de plus grands maîtres qu'eux
tous les jours se jouent de ces règles, placées de distance en distance sur la route du
génie, comme pour guider sa marche trop
incertaine. Il est avéré que, se frayant des
sentiers nouveaux, ils se sont montrés tout
à coup avec gloire au terme de la carrière,
vers lequel se traînaient péniblement les
scrupuleux observateurs des doctrines.

Ainsi brillent Shakspeare et Michel-Ange
Buonarotti, qui ont frappé l'âme par des
accens de force, après avoir foulé aux pieds
les convenances des anciens âges ; le Corrége,
dans les tableaux duquel on serait tenté de
dire qu'il n'y a pas de premier plan, tout y
semblant enveloppé d'un doux et léger réseau
qui en rend le trait souvent indécis ; le
Poussin, dont plusieurs figures sont courtes,
quelquefois dures, et qui paie largement en

poésie ce qu'il refuse en matière; le Dante, qui, après vous avoir effrayé, se prépare à vous effrayer encore; le dompteur de l'airain, le fameux Lysippe qui faisait toutes ses têtes petites et se vantait, sans être contredit, de représenter les hommes, non tels qu'ils étaient, mais tels qu'ils semblaient être. Artiste plus suave que Praxitèles lui-même, il fut à la statuaire ce que le séducteur Allégri [1], au milieu de ses charmantes incorrections et de ses raccourcis transformés en grâces, quand ceux de Michel-Ange étaient fatigans, devint plus tard à la peinture.

Tous ces artistes, tous ces poëtes ont suivi des routes différentes; mais tous ont imité la nature; tous l'ont saisie dans des instans et des mouvemens divers. L'un l'a vue terrible et menaçante, l'autre douce et aimable; celui-ci au milieu des tempêtes des passions, celui-là dans le calme d'une vie heureuse et paisible; tel s'est étudié à rendre les sentimens de l'âme avec une éloquente simplicité et tel les a embellis du charme des

---

[1] Allégri, dit *le Corrége*, du bourg de Corrégio, où il reçut la naissance.

attitudes les plus favorables à l'expression de la pensée.

Irons-nous demander des préceptes à l'école lombarde? elle nous dira : « Sacrifiez » aux grâces et attachez-vous à la science » du clair obscur, des reflets et des demi- » teintes. » A l'école vénitienne ou florentine? elle nous répondra : « Entourez d'air vos » personnages, groupez les sans confusion, » éclairez vos plans, mettez de l'harmonie » dans vos couleurs et brillez comme moi » par le prestige de la palette. » Interroge- rons-nous l'école flamande? elle nous or- donnera de la chaleur dans le style comme dans le coloris, de la saillie dans les muscles, de la vérité dans les chairs. Écoutons l'école romaine: l'oracle sera prononcé par la bouche d'un grand maître, chez lequel la leçon se fortifie de l'exemple. Il veut de la correc- tion dans le dessin, de la pureté dans les contours, de l'expression dans les sentimens. L'école française aurait bien aujourd'hui le droit de parler à son tour, et riche de la possession de divers genres de mérite, elle serait la seule des écoles modernes qui pût faire autorité.

La réunion des qualités que nous venons de passer en revue constituerait la perfection d'un talent qui ne paraîtra jamais ici-bas et qui ne serait pourtant que la fidèle image d'un beau choix de la nature, réflexion bien propre à montrer l'inanité de l'*idéalisme* dans les arts, quand le mortel favorisé des dons les plus heureux, répartis entre les artistes de tous les pays et de tous les siècles, aurait encore à trembler de rester au-dessous de son modèle.

De tout ce que nous venons d'établir, il résulte que, dans les arts d'imitation, sans excepter l'éloquence et la poésie, il serait difficile de fonder des règles précises, puisqu'il y a divers moyens de succès. Parmi ces derniers, il en est deux, dignes avant tous autres d'appeler nos regards; et tous les deux sont compris dans le précepte de l'école romaine qui, par eux, est parvenue à remplir les deux conditions de ce chapitre : LE BEAU DANS LES FORMES, LE BEAU DANS L'EXPRESSION. Si la doctrine que contiennent nos pages n'est pas une erreur de notre imagination, si l'immense renommée de Raphaël n'est pas un outrage fait à la vérité, à peu de chose près, tout l'art est contenu dans ces paroles.

Cependant elles sont susceptibles de se modifier dans leur application. Nous essaierons d'indiquer ces nuances, surtout en ce qui concerne la sculpture.

Naguères nous examinions comment un habile paysagiste disposait du sol, ordonnait ses plans, invitait le promeneur à une vague rêverie par le charme de la solitude, ou l'excitait au mouvement par l'attrait des objets nouveaux et des perspectives : que manquait-il à cette toile ou à ce terrain (car il leur manquait sûrement quelque chose)? vous le trouverez sans peine : la vie et le mouvement. Si vous ne m'offrez de ce côté quelques laboureurs et l'empreinte du travail sur la terre fraîchement remuée; si, près d'eux, je n'aperçois quelques-uns des animaux attachés par la nature au service de l'homme; si, sur ce lac, le tranquille sillage d'un bateau pêcheur n'attire mon attention; si, se jouant, à chacun de mes pas, entre les branches, le toit d'une chaumière ne m'apprend pas que je puis à volonté me rapprocher de mon semblable, et si, au

moins, la trace des roues, dans le sentier qui
tourne avec la colline, ne sert à me diriger
vers un hameau, ou ne se prête à mes sup-
positions, votre paysage, malgré ses arbres
bien feuillés et ses eaux limpides, est mort à
mes yeux ; la touche brûlante de Salvator-
Rosa ne pourrait le ranimer, car il manque
d'expression.

Il en serait de même de toutes les autres
compositions pittoresques. Vainement de
belles formes se seront développées sous le
pinceau ; vainement le regard tournera avec
elles sur la toile, si l'art n'a pu aller que
jusque-là, je reste de glace ; il ne me suffit
pas que l'on me montre le profil grec dans
toute sa pureté : j'y veux voir le mouvement
de la pensée ; j'irai même jusqu'à souhaiter
que le sentiment lui communique les impressions avec lesquelles mon cœur sympathise ; à leur défaut, je demande au moins
celles qui sont propres à la situation des
acteurs. Qu'ils me parlent, car je suis venu
les entendre ! vous ne sauriez me satisfaire
autrement. C'est pour cela, et c'est pour cela
seul, que je m'arrête devant votre tableau, que
j'ai été appelé par votre statue. L'expression ,

dans les arts, comme dans un poëme, dans une tragédie, et dans tous les ouvrages d'un haut style, répond au premier besoin de la vie : on le sait ; mais c'est un sentiment qu'il est bon d'étudier, et dont il convient de se rendre compte. C'est à quoi par conséquent nous allons consacrer le prochain chapitre.

CHAPITRE XIV.

LE BESOIN D'ÉMOTIONS, PREMIÈRE SOURCE DES ARTS ; L'EXPRESSION SEULE PEUT Y RÉPONDRE. DE LA DOULEUR ET DE L'EXPRESSION ANTIQUES DANS LA SCULPTURE.

TOUTE la félicité terrestre consiste à se donner des sensations, parce que, par elles seules, on apprend qu'on existe. Notre curiosité nous stimule sans cesse; notre cœur, foyer d'activité permanente, demande au moins à être occupé, car le remplir serait impossible. Au défaut d'espérances, il veut avoir des craintes, sorte de contradiction apparente qui a fait dire au plus ancien philosophe français : « C'est un être merveilleusement divers et ondoyant que l'homme [1]. » Tranquilles sur les besoins matériels de la vie, nous avons un autre ennemi à combattre : c'est l'ennui. Pour l'éviter, nous

---

[1] *Essais de Michel Montaigne.*

courons au-devant des secousses ; le bien-
être lui-même nous lasse , d'une telle manière que, sans le contre-poids donné à notre
inquiétude naturelle dans l'amour d'un repos
organique, depuis long-temps le globe serait
bouleversé par nos agitations. De ces deux
penchans, qui nous tirent en sens contraire,
naît un sentiment mixte que nous nommerons, faute de meilleurs termes, le besoin
d'une indolence active. Cette casanerie
remuante nous livre le secret du plaisir
goûté par les arts d'imitation matérielle ou
intellectuelle. Si l'homme chérit sa tranquillité , il veut également penser, sentir,
se passionner. Or il ne peut arriver à cet
état que par la vue d'objets nouveaux, pro-
vocateurs de sensations nouvelles. Semblable
aux opulens de tous les pays , en vertu de
l'une des deux forces qui le gouvernent, il
exigera que les spectacles viennent le chercher. C'est chez lui, sans risques, sans périls , sans gêne aucune, qu'il prétend être
amusé ou intéressé. Ne le faites pas acteur,
il n'en supporterait pas la fatigue. C'est
presque une loge à l'Opéra qu'il vous demande, lorsqu'il cherche à s'entourer de ta-

bleaux et de statues propres à replacer des
actes mémorables sous ses yeux, lorsqu'il
souhaite qu'on lui fasse des livres qui l'attachent, des romans qui l'agitent, tout juste
autant qu'il pourra le supporter, sans que
sa pitié lui devienne trop onéreuse, et sans
que sa chère tranquillité en soit altérée. Cependant, plutôt que de rendre les armes à
l'ennui, il consentirait au sacrifice de cette
dernière, pareil en cela au joueur de pas-
sion, pour lequel, après le gain, la perte
est ce qu'il y a de plus doux, parce que
perdre c'est encore jouer.

En effet, à peine ouvrons-nous les yeux
au jour, que le besoin d'émotions nous tour-
mente; prêts à fermer la paupière, ce sont
elles que nous regrettons encore. Quand ce
besoin aura été bien analysé et suivi dans ses
incitations comme dans ses conséquences,
nous reconnaîtrons qu'en l'absence du plaisir,
la douleur qui se présenterait sans trop d'intensité, ne serait pas absolument dépourvue
de charmes. Si celle-ci se borne à nous affecter par représentation; si, après avoir
atteint d'autres êtres que nous, elle ne fait
que se placer sous nos regards, ou s'offrir

à notre pensée , nul doute qu'alors elle **ne**
remplisse les conditions qui la rendent **la**
plus propre à se concilier tout notre intérêt.

C'est à cette cause, aperçue par le poëte
Lucrèce et étudiée par des philosophes auxquels on eût souhaité d'être un peu moins
étrangers à la science physiologique , que
les voyageurs doivent l'avantage d'être en-
traînans dans leurs narrations ; les artistes
et les écrivains ne sauraient non plus lui
refuser , sans ingratitude , le mérite de leurs
succès obtenus par l'imitation des scènes, à
travers lesquelles roulent les destinées d'une
vie orageuse. Qui est plus familiarisé avec les
émotions vives , que ne le sont les militaires
et les marins ? les uns se jouent tous les
jours avec la mort ; aux autres elle se présente sous toutes les faces. Ils vivent au milieu des tempêtes , et ils s'y plaisent. La
nature, d'un pôle à l'autre , leur parle d'une
voix menaçante : ils ont vu le volcan lancer
les entrailles de la terre vers le ciel , et la
trombe dévorante bouleverser les mers ; ils
ont senti l'haleine brûlante du siroco , et
les lourds mouvemens des énormes cétacés.
Aussi remarquez bien que , nulle part , les

spectacles ne sont plus suivis que dans les
villes de commerce maritime. Certes, vous
ne mettrez pas entre les mains d'un soldat
ou d'un matelot des livres de discussions
politiques ou de philosophie ; celui-là le
savait bien, qui ordonna de porter aux
Invalides des romans et des voyages [1] ; il
connaissait les besoins d'une existence fortement agitée.

Ouvrez les bibliothéques, parcourez les
musées, et vous verrez que, depuis des
siècles, les efforts de l'art sont employés à
retracer des maux réels ou fictifs. Ce n'est
qu'à ce prix qu'on peut se flatter de nous
plaire. Quelques élégiaques ont chanté les
douceurs de l'amour ; presque tous, ses fu-
reurs ou ses tourmens. Quelques moralistes
ont consacré leur plume à décrire les jouissances de la vie paisible ; un plus grand
nombre, à la peindre pénible et souffrante ;
et encore combien le crayon de ces derniers
n'est-il pas plus vigoureux que celui des
autres ! Dans nos écrits modernes, je ne

---

[1] Telle fut la réponse de Napoléon quand on lui de-
manda comment serait composée la bibliothéque des Invalides.

sache que l'aimable composition d'Aristo-
nous, dont les couleurs, recouvertes d'un
vernis d'antiquité, attachent le lecteur, sans
lui imposer des regrets trop vifs ; car voyez
comme Rousseau dans la *Nouvelle Héloïse*,
Bernardin de Saint-Pierre dans *Paul et Vir-*
ginie, l'abbé Prévost dans *Manon Lescaut*,
Richardson dans *Clarisse*, se plaisent à vous
déchirer ; ils savaient bien qu'ils vous en-
traîneraient ainsi dans un crime de compli-
cité. Si l'on court au-devant de ces blessures
par le sentiment qui nous fait nous arrêter
devant le Laocoon, c'est que le champ de la
douleur est riche pour l'espèce humaine, qu'il
nous appartient en propre, que la moisson
n'y fatigue pas trop notre âme quand nous
la faisons pour autrui, et qu'en nous ac-
quittant de ce soin, sans trop de frais, nous
nous trouvons heureux de lui échapper en
personne.

Pénétrés de ce sentiment, les Grecs se
sont bornés à sculpter, dans quelques bas-
reliefs et sur quelques vases, des scènes
folâtres, des bacchanales, des Ægipans et
des Satyres. C'est là que leur gaieté semble
s'être réfugiée ; car les têtes de leurs plus

belles statues sont empreintes de tristesse ou de douleur morale. Pour un faune joyeux dû à leur ciseau, vous aurez dix Ariane abandonnée, des Cléopâtre, des Niobé, des Dircé, des Gladiateur mourant, des Électre, des Hermione, des OEdipe, des Oreste, des Cyparisse, des Hyacinthe, des Adonis blessé, et des Daphné fuyant avec effroi devant Apollon. Nous ajouterons à cette remarque que ces idées de mélancolie ne quittent pas les artistes anciens, lorsqu'ils ont à traiter les sujets qui semblent devoir s'en écarter le plus. Ainsi leur ciseau, qui devient presque austère en se promenant sur le front d'un Antinoüs, rappelle le vers de Virgile : *Sed frons læta parùm et dejecto lumina vultu* [1].

Tels sont les principes qui ont guidé les sculpteurs grecs dans l'exercice de leur art. Nous ne saurions, sur le même sujet, parler des peintres de la même nation que par conjectures. Cependant nous ne devons pas oublier que l'expression de la douleur, dans les écrits des anciens, se produit avec d'au-

---

[1] *Énéide*, liv. VI.

tres caractères. Cette différence entre leurs
artistes et leurs poëtes est bien remarquable. Les héros de ces derniers pleuraient.
Homère, qui agrandit tout ce qu'il touche,
nous rend plus d'une fois témoins de l'em-
portement des princes coalisés sur le rivage
de Troie ; il nous fait entendre et les gémis-
semens de Philoctète dans l'ile de Lemnos,
et les imprécations de quelques chefs contre
les Atrides ; les larmes d'Andromaque et de
Priam ont coulé devant nous ; celles même
d'Achille ont mouillé la couche de ce jeune
héros. Sophocle et Euripide ont laissé leurs
principaux personnages payer ce tribut de
leur douleur à la condition humaine ; Virgile,
plus qu'un autre, a usé de ce droit, et pourtant ni la sculpture des Grecs ni celle des
Romains n'offrent les traces d'un pareil
abandon. Il paraîtrait que, chez ces peuples, les poëtes et les artistes n'avaient pas
les mêmes règles de conduite dans l'expression des sentimens de l'âme ; les uns se
permettaient évidemment moins que les autres, par des motifs dans lesquels pouvait
bien entrer la crainte d'altérer une pureté
de formes à laquelle leurs compatriotes at-

tachaient un grand prix. Cependant, nous
prouverons bientôt que d'autres considéra-
tions, tirées de l'art même, les ont bien
plus déterminés, du moins dans la sculpture (le seul de leurs moyens matériels qui
nous soit bien connu), à ne pas rendre la
douleur trop bruyante et trop expansive.
A celle-ci ils ont substitué fort habilement
la résignation ; la mélancolie touchante, au
chagrin qui ronge le cœur de l'homme ; et
la joie, sous leur ciseau, n'a plus été qu'un
contentement doux et paisible ; au lieu d'une
santé fleurie, ils ne nous offrent presque
que l'image d'une convalescence.

Divers passages des premiers écrivains des
siècles de Périclès et d'Auguste nous apprennent que, plus tard, cette manière d'envisager les fortes secousses imprimées à notre
être, et qui en font le tourment quand elles
n'en amènent pas la destruction, était pas-
sée dans la haute poésie. Au moins Platon,
dont plusieurs pages se ressentent de ce style,
le donne à entendre, et Virgile en fournit
de nombreux exemples qui prouvent que les
beaux ouvrages des sculpteurs grecs ne lui
étaient pas étrangers. Lorsqu'on voit Didon,

au quatrième livre de l'*Énéide*, le glaive
déjà dans le sein, « chercher de ses yeux er-
» rans la douce lumière des cieux, et gémir
» après l'avoir trouvée; » lorsqu'on entend
les regrets de ce jeune guerrier qui, « en mou-
» rant, se rappelle encore sa chère Argos, »
on se dit que le chantre de la fondation de
Rome, après avoir visité l'Égypte, comme
cela paraît prouvé, a bien pu porter ses
pas sur le sol d'Athènes, et qu'il y aura rencontré plus d'une belle trace de Praxitèles
et de Phidias.

Homère, et Sophocle moins reculé que
lui dans les âges, ne présentent rien qui
approche de ce calme touchant. Peintres des
passions, ils les virent livrées à leurs mouvemens naturels, qu'ils relevèrent de tout
l'éclat de leur riche poésie. De cette remarque nous serions tentés de conclure que les
notions de la beauté, telle que les philosophes finirent par la concevoir, ne furent familières aux artistes grecs que dans le troisième âge, qui fut le plus parfait de la sculpture antique, vers la fin du gouvernement de
Périclès. C'est un point qu'il serait facile
d'éclaircir en lisant Pausanias dans un es-

prit de critique judicieuse, et en suivant avec lui les travaux des quatre grandes écoles de la Grèce, Ægines, Sicyone, Corinthe et Athènes. Peut-être y découvrirait-on par quelles transitions leurs sculpteurs arrivèrent à cette sagesse de pose et d'expression, si heureusement caractéristiques dans l'Apollon et dans la Niobé, productions placées par Raphaël Mengs dans la seconde catégorie des chefs-d'œuvre du ciseau ancien, tandis que nous ne connaissons rien au monde qui les égale, encore moins qui leur doive être préféré. Nous sommes persuadés qu'une étude attentive nous prouverait que l'art, d'abord timide et informe, ne se hasarda pas à animer les figures, puisque Dédale fut le premier qui osa le dégager de ses entraves ; qu'ensuite les Grecs, comme il est arrivé chez nous, demandèrent au marbre des passions violentes, et qu'en perfectionnant leur goût, ils ont fini par respecter, jusque dans l'expression de la douleur, le type de la beauté humaine. Un quatrième âge, en se rapprochant du second, quoique plus soigné dans certaines parties du travail, a eu une marche rétrograde ; c'est celui de la sculpture, dégénérée sous les successeurs d'Alexandre : les expressions plus prononcées reparurent à cette époque.

Smith observe avec raison, dans sa *Théorie des sentimens moraux*, qu'une douleur calme et concentrée a quelque chose de beau en soi, d'abord parce qu'elle prouve l'empire de l'homme sur lui-même; ensuite parce que celui qui la ressent semble vouloir nous épargner, par sa propre contrainte, les vives émotions qui le déchirent. Dissimuler sa douleur, c'est être plus fort qu'elle; ne pas lui permettre de jeter le trouble dans les facultés de notre âme est le cachet de la véritable indépendance, doctrine qui fut outrée par les stoïciens. Mais il faut du temps pour s'élever à la hauteur de ces notions philosophiques; et malgré l'idée favorable que nous nous sommes faite des artistes grecs, nous avons quelque peine à croire qu'ils aient appuyé leur pratique sur d'aussi profondes théories. Cherchons donc s'il n'existerait pas quelque autre motif d'une manière de procéder, qui a eu d'aussi heureux effets entre les mains du talent, et si elle n'a pas été commandée par les principes mêmes de l'art, et par les moyens de succès dans lesquels il est circonscrit?

Personne n'ignore que, dans ce que la statuaire antique nous a laissé de plus célèbre, l'expression est généralement peu prononcée, rarement caractérisée, et que souvent elle ne laisse aucune trace, comme dans le groupe des Lutteurs. La famille de Niobé est le type du sentiment que les artistes grecs se soient crus permis de déposer sur leurs figures. Cette remarque nous semble livrer à des doutes fondés l'origine du *Laocoon*, dont les traits, dans leur douleur beaucoup plus expansive, dérogent positivement aux lois de la sculpture ancienne : nous dirons de ce marbre que, trop beau dans ses formes, dans son jet, dans ses lignes et dans son dessin, pour être rapporté aux jours qui précédèrent le plus brillant éclat de l'art, c'est-à-dire, le troisième âge, il a aussi trop d'expression et de fini pour lui appartenir. S'il en était autrement, Agésandre aurait franchi les limites que s'étaient imposées les plus habiles artistes du siècle de Périclès, pour entrer dans le domaine de la peinture. Force est donc de rapporter ce beau groupe à des temps postérieurs, sur lesquels Pline lui-même garde le silence.

Mais les autres statues nous obligent presque toutes à rechercher la cause de l'épargne avec laquelle les artistes grecs, et même les artistes romains, les firent participer aux mouvemens révélateurs de la pensée.

On s'est demandé pourquoi ces tempêtes, qui assaillent trop souvent notre existence, agitent à peine des traits destinés, dans l'ordre de la nature, à en devenir la vivante image? Winckelmann, Raphaël Mengs, et tous ceux qui, l'esprit plein des écrits de ces deux auteurs, ont traité le même sujet, ont trouvé la réponse à cette question dans une sorte de culte en honneur chez les Grecs, par lesquels l'art perfectionné s'est incontestablement transmis aux Romains, élèves mal habiles des Étrusques pendant une longue période d'années. On s'est dit que la beauté était d'un tel prix en Grèce, qu'elle y était un si grand moyen de séduction légitimée, comme l'attestent plusieurs pages de l'histoire nationale, que, sous peine d'un désaveu public, les statuaires ne pouvaient se per-

mettre de livrer à des mouvemens pertur-
bateurs les formes par lesquelles ils essayaient
de la reproduire.

A quelques égards cette réponse peut
sembler plausible, sans être aussi satisfaisante que nous l'eussions souhaitée. En effet,
quand nous lisons dans Pausanias et dans
Pline le naturaliste, que plusieurs tableaux
anciens, tels que l'*Ajax* et la *Médée*, de
Timomaque; l'*Alcmène*, de Zeuxis, effrayée
à la vue des serpens qu'Hercule étouffe dans
son berceau; les deux *Athlètes*, de Parrhasius; la *Mère nourrice*, d'Aristide de Thèbes,
se recommandaient par une grande vigueur
d'expression; quand celle-ci perce dans les
bas-reliefs antiques et sur des vases où les
figures sont souvent très-animées, on est
tenté de s'interroger encore, et de se demander pourquoi, après n'avoir rien osé
contre le type de la perfection physique
dans le travail des statues, on se fût montré
moins réservé en confiant à la toile, ou à
des tables de marbre en rapport avec elle,
des traits dont il était interdit d'altérer la
pureté primitive ?

Voyons s'il ne serait pas possible d'expli-

quer cette apparente contradiction par tout
autre motif que celui d'un prétendu respect
de la beauté idéale ou physique.

L'expression étant, par une loi d'ordre,
l'accompagnement obligé de nos actes et des
mouvemens sympathiques et antipathiques
auxquels donne lieu la vie de relations, il
est certain que la peinture et la sculpture
doivent s'en saisir, ainsi qu'elles s'emparent
des attitudes et des formes. Plus l'homme
est contrarié ou favorisé dans ses penchans,
plus cette expression aura d'énergie. Il est
des conflits où elle peut aller jusqu'à la
violence, c'est-à-dire, jusqu'à jeter dans
le désordre des proportions faciales que le
calme de l'âme maintenait dans un état de
régularité. Mais il ne faut pas oublier non
plus que la création humaine, isolée, est
presque toujours paisible; que, si elle souf-
fre alors, c'est, ou d'une douleur morale,
à laquelle la solitude donne un caractère de
mélancolie, ou d'une douleur physique, qui
s'exhale rarement en signes extérieurs, quand
elle a la triste certitude de rester sans témoins. Nous excepterons ces secousses ter-
ribles données à notre frêle organisation,

et au prix desquelles la mort serait un bienfait ; dans ce cas-là même, la Providence
nous arrache au mal, en nous enveloppant
du manteau de l'insensibilité, ou en mettant fin à une scène de laquelle l'espoir est
banni.

C'est donc dans le choc des passions que
l'expression acquiert de la vivacité ; c'est
dans la lutte violente des intérêts qu'elle
anime la voix, qu'elle gonfle les veines ju-
gulaires, qu'elle fait saillir l'œil dans son
orbite, qu'elle fronce ou resserre le sourcil,
qu'elle agite les ailes du nez, qu'elle relève
ou abaisse les côtés de la bouche, et qu'elle
la déforme en y plaçant l'injure altière et le
sarcasme. Deux ennemis, qui s'envisagent
loin des regards, pourront mettre de la mesure dans leurs plaintes réciproques. L'amour-
propre n'a pas encore été blessé ; en présence
d'une tierce personne, il déborde, il écume,
et, comme un torrent qui se précipite du
haut des monts, il se renforce de la rupture
même de ses digues.

Si on juge les artistes anciens sur cette
loi, si on leur suppose quelque connaissance
de la marche des affections humaines, la

pinceau pouvait bien être expressif en leurs
mains ; mais le calme et la modération ne
devaient presque jamais abandonner la sculpture. Quoi ! vous m'offrez une figure solitaire
et vous l'armez de courroux ! Présentez-moi
donc en même temps l'obstacle qui l'irrite !
Vous placez la menace sur ses lèvres ; que je
voie au moins l'ennemi auquel elle s'adresse !
L'isolement de votre statue ne comporte,
même dans l'état de souffrance du personnage représenté, qu'une expression de douleur tranquille et modérée, car vous ne
sauriez me déchirer sans que je sache pourquoi ; par la même raison, dans le contentement et le triomphe du modèle, vous ne
me devez que la douce apparence d'une félicité paisible, car le bonheur de l'homme
aime à se replier dans son propre sein ; il a
même quelque chose de triste et de languis-
sant qui ne lui messied pas.

Soyons persuadés que le ciseau des anciens a été gouverné par ces principes, auxquels ils ont cru pouvoir déroger dans les
occasions que nous venons de prévoir,
d'après le caractère bien établi des acteurs
appelés en scène. Ainsi ont-ils armé leur

Ajax de colère, comme nous l'a montré un
beau marbre du Musée, très-souvent copié,
et comme l'a fait M. Dupaty, dans une figure
en pied, avec beaucoup de talent, mais avec
moins de véritable chaleur que l'antique ;
ainsi Pline le naturaliste parle avec enthousiasme d'un Hercule que l'on voyait de son
temps, à Rome, près de la tribune aux ha-
rangues; revêtu de la fatale tunique, le héros
paraissait furieux. On eût dit que, sous
l'étoffe venimeuse, il se sentait prêt à exhaler
son dernier souffle au milieu des angoisses.

Hors ces cas, presque toujours indiqués
par des souvenirs traditionnels, et dont les
convenances font une loi en poésie, suivant
la remarque judicieuse d'Horace dans son
épître aux Pisons [1], l'expression forte n'est
motivée que par la multiplicité des figures.
Dans la sculpture, c'est presque l'interdire,
puisque les groupes généralement y sont d'un
médiocre effet. Le bas-relief, qui est une

---

[1] *Aut famam sequere, aut sibi convenientia finge,*
Scriptor. . . . .
Sit Medea ferox, invictaque, flebilis Ino,
Perfidus Ixion, Io vaga, tristis Orestes.

Hor. de Arte poeticâ.

sorte de tableau, la permettrait davantage
qu'une statue isolée, et le tableau en auto-
rise encore plus le développement que le
bas-relief. C'est sous ce rapport que certaines
productions des anciens pèchent évidemment
par défaut, et notamment les *deux Lutteurs*,
chez lesquels l'impassibilité des traits du visage
donne un démenti aux muscles en travail des
membres, du thorax et des vertèbres. J'établis en fait qu'il est impossible de soumettre
à tant de mouvement toute la machine humaine, sans qu'une contraction faciale ne
dépose de cet état. Ce sont des parties entre
lesquelles il existe une corrrespondance ana-
tomique, et par conséquent une solidarité
que l'artiste ne peut méconnaître. Le calme
de ces deux têtes nous a toujours choqués.
Il n'aura l'approbation de personne. Admi-
rons l'antiquité dans ce qu'elle nous a laissé
de beau ; mais n'oublions pas qu'un culte
superstitieux détruirait tout le mérite de notre
hommage.

Règle générale : l'expression veut des motifs difficiles à fournir dans une statue que je
ne saurais guère me représenter, dans sa
solitude, livrée à une grande joie ou à une

douleur amère. Autre remarque : l'expression a quelque chose de communicatif, de
contagieux même ; il faut donc placer à côté
d'elle les êtres sur lesquels elle s'exerce.
Enfin elle s'accroît en nous de la présence de
notre semblable : Philoctète que vous me
montrerez seul sur le rivage de Lemnos,
aura quelque chose de moins acerbe dans sa
plainte, que lorsque vous le placerez près
d'Ulysse et de Néoptolème, qui viennent le
visiter dans des vues intéressées ; que sera-ce,
si vous le faites paraître devant les Atrides,
ses mortels ennemis ? Les soliloques accentués
sont rares et brefs dans la nature, quoique
communs et diffus au théâtre ; ce sont les
colloques qui ont de l'énergie, c'est là que
se font entendre les paroles de la joie et de
la douleur, de l'amour et de la haine !

En n'exagérant point l'expression de leurs
figures, en la tempérant même, les statuaires
anciens ont fait ce qu'ils devaient faire ; et,
dans la manière de traiter le marbre confié
à leur ciseau, les artistes modernes, jaloux
d'un succès durable, n'ont pas une autre route
à suivre. Elle est commandée non-seulement
dans l'intérêt des formes, dont la grâce doit

être respectée, mais dans celui du goût, de la vérité et de la raison. Je me permettrai de le redire : si vous voulez qu'Oreste paraisse devant moi effrayé, montrez-moi donc les Furies ! autrement je ne vous comprends plus. M. Dupaty s'est montré fidèle à cette loi, quand il a modelé son *Oreste* poursuivi par les Euménides. Nous nous félicitons d'avoir vu, il y a sept ans, le plâtre de ce beau groupe, qui, tout entier, eût mérité notre admiration, si la Clytemnestre renversée sous le poignard de son fils avait été exécutée dans un plus haut style. Nous rendons grâces à notre mémoire de ce qu'elle nous sert assez bien, pour se représenter à elle-même la Furie qui, le regard fixe, tenant dans chaque main un serpent, s'avance de face vers le parricide. Exempte de manière, n'ayant rien de forcé dans l'expression et cependant terrible dans son aspect, cette figure glaçait d'effroi le spectateur ; pleine de poésie, elle avait le véritable caractère antique ; c'était une idée très-heureuse que de l'avoir opposée à Oreste qui reculait devant elle, et dont, par-là, les terreurs se trouvaient justifiées.

Mais généralement les sujets compliqués ne sont pas du ressort de la sculpture. Ainsi que nous serons bientôt dans le cas de le remarquer, tirés du même bloc, ils sont confus, ils embarrassent les regards, à moins qu'ils ne se produisent avec une savante dégradation de figures et presque de plans, comme dans le Laocoon; placés à distance, éparpillés, ils manquent d'unité, faute de ce lien commun, sous lequel le pinceau a le don de les rassembler, en mettant en harmonie les personnages les plus éloignés les uns des autres, à l'aide des tons adoucis, des demi-teintes, des ombres et du clair-obscur. L'effet de la Famille de Niobé ne dut pas être heureux, même en supposant que le superbe Apollon du Belvédère en fît partie. L'air n'enveloppe bien de son réseau diaphane que les espèces vivantes, ou ce que le coloris a déjà animé par une imitation de l'état ordinaire des êtres rendus à leurs accessoires. Le marbre est misanthrope de sa nature; c'est une conséquence de sa monotonie. Il consent qu'on le regarde dans sa solitude, mais non qu'on le soumette à des oppositions ou à des rapports. Il semble se

complaire dans ses propres impressions ,
sans chercher à les répandre. S'il a reçu la
vie, c'est pour en jouir sans partage, car
une statue a peu d'action sur une autre statue. Les sujets liés échappent ainsi presque
tous à la sculpture et tombent, de plein
droit, dans le domaine de sa sœur. Comme
cette dernière est plus communicative, comme
ses moyens d'alliance sont beaucoup plus
étendus, on a le droit d'en exiger également
davantage.

On trouverait peut-être un autre motif
de la sage discrétion avec laquelle les sculpteurs anciens ont animé les traits de leurs
figures, dans les mœurs même du siècle auquel ils ont appartenu. Si les poëmes d'Homère nous peignent les passions avec la
naïveté des mouvemens familiers à l'enfance
des sociétés à peine formées, les institutions
politiques et les leçons des philosophes durent avoir une grande influence sur les époques subséquentes. Sans en déterminer ac-
tuellement le caractère d'une manière précise, nous nous bornerons à y voir la trace
de jours, où la vie, plus sérieuse, se répandait moins en dissipations que la nôtre.
Occupé

Occupé des affaires de son pays, le Spartiate, l'Athénien lui-même, portait dans les jouissances des foyers domestiques le souvenir des grands intérêts qui lui étaient confiés. Non moins fier de sa condition libre que du nom de ses pères, qui suivait toujours le sien, et qui souvent était inscrit avec gloire sur le marbre de ses temples, le cœur plein du sentiment d'une force où il n'y avait rien de factice, il respectait, dans les autres, des droits qui assuraient sa propre indépendance. De là cette habitude de lutter contre les passions et de ne pas donner trop de prise aux revers. Pour des âmes ainsi trempées (nous parlons de celles-là dont se forme la tête d'une nation), la colère pouvait très-bien se rendre par un regard armé de sévérité, la douleur se borner à de la mélancolie; et si, par l'esprit même des institutions qui répandaient le bonheur d'une manière plus uniforme que dans les sociétés modernes de l'Europe, les visages brillaient de sérénité, le sourire se reposait tout au plus sur les lèvres de chacun, mais les bruyans éclats de la joie n'étaient à peu-près nulle part. Lucien fut postérieur de quelques siècles à celui où

se firent tant de choses mémorables dans la
Grèce; Aristophane commençait la décadence
du sien, lorsqu'il apprenait à ses compatriotes à se jouer des grandes réputations.
C'est ce qui nous engage à croire qu'avec
beaucoup de talent, l'abbé Barthélemy a
travesti plus d'une fois les mœurs des anciens, en s'étudiant trop à leur trouver des
points de contact avec les nôtres, et qu'un
auteur très-spirituel et plus rapproché de
nous (M. de Lantier), en croyant nous in-
troduire dans le secret de la vie privée des
Grecs, s'est borné à placer sous nos yeux
une orgie continuelle, que le moindre de
leurs citoyens eût désavouée.

Ces observations sont encore plus susceptibles d'être appliquées à l'ancienne Rome
qu'à l'ancienne Grèce. Les dignités sénato-
riales y avaient toutes quelque chose d'austère qui répandait une teinte de gravité sur
la vie privée. On jugea même que Cicéron,
par le tour vif et animé de ses plaisanteries,
dérogea plus d'une fois à sa qualité consu-
laire; ce qui fit dire à Caton d'Utique, au
milieu d'une plaidoirie où le sévère Romain
portait l'accusation, et où l'habile orateur,

atténuant ses reproches avec beaucoup de grâces, lui trouvait pour unique tort, dans sa rigide vertu, d'appartenir à un siècle trop moderne : « Nous avons un consul tout-à-» fait plaisant : *Habemus consulem facetum.* »

Le pouvoir discrétionnaire du chef de la famille sur les membres dont elle se composait, les assemblées des comices, la retraite où vivaient les femmes, le peu de faveur dont jouissaient les courtisanes à Rome, le goût presque universel de la campagne qui y survécut long-temps à la ruine des mœurs, les nombreux sacrifices sans cesse célébrés, même entre les murs domestiques, durent rendre les habitudes sérieuses dans cette capitale de l'univers ; il était naturel que l'expression des figures s'en ressentît sous la main des artistes qui s'attachèrent à re-produire par préférence les traits de ses plus éminens personnages, tandis que les sculp-teurs grecs descendirent souvent à des sujets d'un ordre moins élevé. Ainsi, un berger, une marchande de fleurs, des enfans fixèrent plus d'une fois l'attention de ceux-ci, sans que leur goût en fût altéré, ou que le marbre façonné par eux eût à s'éloigner de la nature.

La différence des classes était en effet moins marquée dans la Grèce qu'à Rome. Dans cette première contrée, où les clientèles et le patronage étaient peu connus, tout ce qui appartenait à une condition libre traitait presque d'égal à égal avec les chefs de l'état. Les *dialogues* de Platon en rendent témoignage ; Socrate ne dédaignait pas de s'entretenir avec des charrons et des corroyeurs ; Théophraste, de visiter le marché aux légumes ; la vie de Xénophon et celle de plusieurs illustres Athéniens furent simples comme celle d'un homme des champs. Mais il convient de dire aussi que l'élévation des sentimens se montrait partout, parce que nulle part on n'était étranger aux intérêts du pays. Repoussé du territoire d'Athènes, le corps de Phocion trouvait un bûcher préparé de la main d'une pauvre femme de Mégare, qui donnait ensuite à la dépouille de ce héros l'asile de ses foyers. Malgré les progrès manifestes de la civilisation, nous n'en sommes pas encore venus là en Europe. Nous doutons que nos simples agriculteurs se fussent acquittés d'un pareil devoir dans nos jours de discordes politiques, et qu'ils eussent employé des formes aussi touchantes pour honorer la vertu d'un grand citoyen.

Sans disputer à aucune de ces causes le droit d'exercer une influence sur la sculpture antique, et de lui communiquer le caractère avec lequel elle s'offre maintenant à nos yeux, nous pensons que le motif, dont l'existence a été déduite, par nous, des besoins de l'art même ou des limites dans lesquelles il est renfermé, est celui auquel les statuaires modernes doivent plus particulièrement avoir égard; propre à les guider dans les diverses sortes de travaux, il leur apprendra où il leur est permis de donner carrière à leur imagination, et où il leur est ordonné de présenter la nature avec le simple appareil de sa beauté sans tache; quel sujet comporte une expression forte, quel autre demande seulement à la laisser entrevoir comme un reflet doux et tendre des sentimens de l'âme. Sous un tel rapport, qu'il nous soit permis d'envisager ce chapitre comme une des parties les moins inutiles de notre travail.

CHAPITRE XV.

DE L'EXPRESSION DANS LES TABLEAUX.

La peinture met les personnages en scène. Les opposant comme elle le veut, les uns aux autres, elle les rend passibles de toutes les situations de la vie ; destinée à reproduire les nuances comme les grands traits du caractère, elle ne saurait marcher vers ce but que par l'expression. Ici cette dernière est d'autant plus de rigueur, que les représentations de l'existence animée peuvent seules répondre, d'une manière satisfaisante, au vif besoin d'émotions dont notre cœur éprouve le tourment. Sans nous frapper avec la même intensité de force que les fictions théâtrales, qui ont pour elles l'avantage du mouvement et de la parole, le pinceau, par son pouvoir de saisir le moment précis du plus grand intérêt, et de le fixer sur la toile, nous rend l'action entière présente. C'est, après l'histoire, le premier moyen de perpétuer ce qu'il y a de mémorable dans

la vie ; l'espace se prête, devant la main , à
tous les développemens ; il s'accroît encore
par l'effet de la perspective ; et si le talent est
au niveau du sujet , on verra les acteurs se
mouvoir, l'on surprendra même la parole au
passage de leurs lèvres.

Ces miracles appartiennent à l'expression,
sans laquelle il n'y a point de peinture.
Nous avons dit, nous croyons même avoir
suffisamment expliqué, par quels motifs le
marbre la demande moins énergique : ces
motifs nous serviraient à prouver encore
que la toile a le droit de parler plus vivement aux regards et à la pensée.

Par la seule raison que vous avez groupé
divers personnages dans une enceinte , que
vous nous les avez offerts avec le costume et
les habitudes de leur siècle , que vous leur
avez conservé les traits avec lesquels la tra-
dition se les représente, il faut qu'ils nous
disent quelque chose. Le coloris vous a permis d'animer et de rendre vivante la face
humaine; ce prestige va souvent jusqu'à l'illusion. Or, je ne saurais supposer une assemblée d'hommes ou de femmes, de citoyens
éminens en fonctions ou obscurs, épars ou

rapprochés, sans que de leur présence mutuelle il ne résulte une émotion quelconque sur les physionomies. Votre tâche était de me faire assister à un acte important de la vie des nations, ou de celle des individus qui régissent les destinées de leur pays; à une assemblée solennelle ou à une rencontre tumultueuse. Cette réunion est devant moi; mais ce n'est pas avec des visages froids et immobiles qu'on a dû s'y rendre. Puisque vous avez ouvert les yeux de vos figures, puisque vous avez fait circuler le sang dans leurs membres, faites-moi connaître les impressions qu'elles apportent et qu'elles se communiquent. Là où vous avez mis le sentiment de la vie, je veux voir celui de la pensée, sans laquelle cette première reste stagnante. Partout où il y a un concours d'hommes, il y a un motif de ce concours; s'il est fortuit, ils s'étonneront au moins de se voir ensemble. Voilà ce que je veux que vous me disiez pleinement, nettement, car j'ai le droit de le savoir; autrement il ne fallait pas m'appeler à votre atelier.

La différence des devoirs entre la peinture et la sculpture étant bien établie en

matière d'expression, on conviendra que
cette dernière est l'âme d'un tableau. Le
degré de force avec lequel on doit animer
la toile est devenu une question dans quelques écoles, et toutes l'ont résolue suivant
la tendance des grands maîtres dont elles
tenaient leur principal caractère. Il nous est
impossible de juger, sur les récits de Pausanias et des poëtes grecs, de Pline le naturaliste et des poëtes latins, de la qualité
expressive donnée par les anciens à leurs
tableaux. Dans les fouilles d'Italie, quelques
fresques assez bien conservées, et quelques
peintures sur vases de terre cuite, auto-
risent à croire que les artistes modernes,
surtout ceux du pontificat de Jules II et
de Léon X, ont mieux entendu plusieurs
parties essentielles de l'art que les Grecs et
les Romains. Prodigues d'éloges envers leurs
compatriotes, les écrivains de ces deux nations ont vanté évidemment outre mesure
des ouvrages dont la copie, d'ailleurs assez
soignée, mais très-médiocre de composition
et de perspective aérienne, a été retrouvée
dans les exhumations récentes d'Herculanum
et les tombeaux de Tarquinia. Zeuxis, sui-

vant Aristote, plus croyable en cela que Pline, qui le contredit, ne fut pas un peintre de mœurs; c'est-à-dire, suivant la valeur de l'expression grecque, qu'il ne sut pas faire parler à la toile le langage des passions; on lui reprochait encore de grossir trop les extrémités, même les têtes, de ses figures. Cependant, que de louanges ont été décernées à sa fameuse Hélène, dont les cinq plus belles femmes d'Agrigente fournirent le modèle! Quand un artiste manque d'expression, et ne sait pas terminer les parties où le sentiment semble stationner pour réagir sur lui-même, l'éloge, qui ne voit rien au delà de son prétendu talent, n'est-il pas atteint et convaincu d'un enthousiasme irréfléchi? Ce n'est pas à si bon marché que nos peintres acquèrent aujourd'hui une renommée; et, sans parler des chefs de l'école française, lorsque la *Campaspe* de M. Langlois, et la *Psyché* de M. Picot, ont fixé les regards du public pendant l'exposition de 1819, la grâce expressive de ces deux figures, et le fini agréable de leurs extrémités, justifièrent les suffrages, dont nous fûmes les interprètes.

Que dire de Polygnote de Thase, qui
quatre ou cinq olympiades avant Zeuxis, se
faisait applaudir pour avoir ouvert la bouche à ses figures, pour avoir montré leurs
dents et banni l'ancienne immobilité des
traits du visage? En s'exprimant textuelle-
ment dans ces termes, Pline ne donne-t-il
pas à entendre que la peinture grecque était
bien peu avancée, même dans tout l'éclat
du siècle de Périclès, puisque de pareilles
innovations y avaient suffi pour exciter les
applaudissemens et la surprise? Ne nous
force-t-il pas d'appliquer la même réflexion
à la peinture romaine, par la seule exagé-
ration des éloges accordés à un aussi mince
mérite, comparativement aux grandes choses que l'art exécute de nos jours? N'oublions pas que Cicéron, dont les yeux ont
pu s'arrêter sur quelques ouvrages de cet
artiste, et plus tard Quintilien, portés l'un
et l'autre à exalter tout ce qui appartient
aux anciens âges, ont été très-loin de partager cet enthousiasme à l'égard de Polygnote, pendant la vie duquel l'expression
fut rester imparfaite, probabilité qui résulte des louanges prodiguées à ce maître,

en reconnaissance de ses faibles progrès dans
cette partie de l'art.

Toutefois, il y aurait de l'injustice à étendre trop loin la remarque que nous nous
permettons au sujet de Polygnote, et même
de Zeuxis. Les écrits que nous ont laissés les
anciens contiennent des détails, peut-être
enflés, sur leurs peintres, mais qui prouvent
que plusieurs, entre ces derniers, ont mis
dans leurs ouvrages un sentiment dont, après
le laps d'un grand nombre d'années, des témoins oculaires ont reconnu la vérité, et
souvent la force. Transportés à Rome et à
Constantinople, ces tableaux, d'une composition peu étendue, se recommandaient
plus par le mérite d'un seul ou de deux
personnages, que par la participation de
tous à une scène commune. Voilà, peut-
être, en quoi l'expression moderne, telle
que les grands maîtres nous l'ont fait connaître (Raphaël, le Sueur et le Poussin, par
exemple), possède un avantage réel sur
l'ancienne, indépendamment de la science
du clair-obscur, à laquelle les Grecs et les
Romains restèrent étrangers, puisqu'au rapport de Quintilien lui-même, ils évitaient

soigneusement de grouper leurs figures, de
peur qu'elles ne fissent ombre l'une sur
l'autre [1]. Certes, c'était renoncer au moyen
le plus puissant de mettre une composition
en harmonie, ou simplement en perspective.

Ce n'est pas assez de l'imitation matérielle des formes pour assurer le succès d'un
artiste : par un retour philosophique sur
lui-même, il doit se rendre présens les sentimens qui ont animé ses personnages dans
des circonstances données ; il doit se pénétrer assez de la situation de tous, depuis la
vieillesse inclinée vers la tombe, jusqu'à la
plus tendre enfance, pour faire renaître,
sur la toile, la trace souvent fugitive des
émotions dont chaque physionomie fut elle-
même le premier tableau. Ces émotions, il
lui faudra descendre en soi pour les trouver
et pour les entourer de ce qui peut leur
donner du relief : d'abord, parce que l'artiste n'a pas toujours été témoin des scènes
qu'il s'est chargé de décrire ; ensuite, parce

---

[1] *Nec pictura, nisi circumlita, eminet ; ideòque arti-
fices, etiam cum plura, in unam tabulam, opera con-
tulerunt, spatiis distingunt, ne umbræ in corpora cadant.*
Quintilien, *Inst. de l'Orateur,* liv. VIII.

que, se seraient-elles passées sous ses yeux, il est des airs de tête qui veulent être ennoblis dans leur style, des groupes dont on ne doit presque saisir que l'esprit, des attitudes qu'il convient de diversifier, des sites qui demandent à être mis en harmonie avec le sujet, des objets qu'il faut suppléer en idée, et sur lesquels on ne saurait se dispenser de répandre une couleur locale.

Telles sont les parties accessoires, mais toujours importantes de l'expression : ce sont elles qui donnent du mouvement à l'action représentée, et qui l'impreignent d'un sentiment de vie. Cependant, si l'expression reçoit une grande force de ces détails qui tous concourent à l'effet général, l'on peut dire aussi qu'elle a fondé son trône sur la figure et dans la physionomie humaine. C'est là qu'elle règne, c'est de là qu'elle dicte ses lois, qu'elle envoie ses ordres, qu'elle invite ce qui est à ses côtés au partage de sa joie ou de sa douleur, qu'elle exerce la puissance de ce lien de sympathie qui entoure notre espèce, et que, le serrant à son gré, elle nous force d'entrer dans le cercle magique de ses intérêts et de ses affections.

Dans l'oubli du pouvoir exercé par cette souveraine, quand elle se montre aux mortels avec le simple cortége qu'elle tient de la nature, l'école française appela, pendant long-temps, des auxiliaires étrangers au secours de l'expression. La traitant comme la femme qui, devant le peintre prêt à la dessiner, perd volontairement les grâces dont elle est en possession, dans le vain espoir de saisir celles qui vont encore échapper à son sourire et à son coup d'œil étudiés, nos artistes outrèrent tous les mouvemens, forcèrent toutes les attitudes, firent grimacer la beauté, et jusques à la douleur. Ils ignorèrent que dans le bonheur, que dans la volupté même, il est un doux calme de l'âme et un accord touchant des traits, dont le charme bien rendu est d'autant plus actif sur la pensée, qu'il invite l'imagination à suivre la route ouverte par le pinceau. Ce dernier semble avoir été discret, et il n'a fait que prêter un motif de plus au désir, et un attrait nouveau à ce qui avait eu déjà le don de plaire. Dans le bien comme dans le mal, la nature, conservatrice de son ouvrage, procède peu par convulsions ; d'ailleurs, ce ne serait pas de tels momens dont le pinceau devrait s'emparer; l'expression veut être caractérisée sur la toile; mais, plus morale que physique, elle ne doit jamais y dégénérer en attaque d'épilepsie.

On a dit avec raison que bien régner, c'est savoir choisir : la même condition est imposée au peintre, la pratique de son art lui étant une fois accordée. Nous consentons à ce qu'on lui trouve un mérite de création, là où il n'aura fait réellement qu'user de ses yeux et de son intelligence, car le spectacle du monde visible est assez riche pour fournir à tous ses besoins; nous consentons, nous qui connaissons les difficultés du travail, à ce qu'on lui rapporte tout l'honneur d'un sentiment bien exprimé; mais les spectateurs, en disant qu'il y a de la vérité dans son ouvrage, rendront à chacun ce qui lui revient; et la nature, heureusement pour lui, y aura encore sa part.

Metzu, Gérard-Douw, Van-Ostade, Teniers et Wauvermans ont mérité cet éloge, que nous ne leur accorderons pourtant qu'avec une certaine restriction; car ils n'ont pas su *choisir,* ou plutôt leur choix étant circonscrit par le genre de leur talent, ils se sont bornés à copier avec fidélité une nature commune. C'est quelque chose, mais ce n'est pas là le noble but que se propose la peinture. Si elle n'élevait les sentimens dans l'artiste comme dans le spectateur, si, chez tous les deux, elle n'agrandissait les pensées par l'imitation animée des actes qui honorent l'espèce humaine, sa destinée serait bien déplorable sur la terre. Condamnée à se plier aux caprices de quelques riches, à flatter la tyrannie ou à arracher à la volupté d'infâmes secrets, elle ne serait plus cette fille du ciel qui se charge de donner une seconde vie à tout ce qui s'est rendu justement célèbre dans la première. C'est donc la peinture historique que les gouvernemens doivent spécialement encourager, parce que c'est la seule qui soit monumentale et propre à exciter les hommes à la vertu. L'autre trouvera dans le goût des particuliers, dans la modicité des prix auxquels elle leur permet d'atteindre, dans les dimensions des tableaux en rapport avec les appartemens, dans les sujets familiers qu'elle traite, tous les encouragemens dont elle a besoin pour se soutenir même avec éclat.

Luxe aimable des citoyens opulens, c'est par
eux qu'elle doit être entretenue; tandis que
la peinture historique, qui est le luxe d'un
grand peuple à l'éducation duquel elle co-
opère, a seule le droit de faire partie des
charges communes.

C'est ici que le choix des tableaux est
d'une haute importance. Plus tard nous nous
arrêterons sur cet objet essentiellement lié
aux institutions du pays; il nous suffira
d'observer dans le moment présent, que la
magie du pinceau est vraiment grande, quand
il se promène sur une toile où l'artiste s'est
proposé de perpétuer un acte de patriotisme,
ou de livrer un acte contraire à l'immorta-
lité de l'opprobre. Mais il n'y a que le peintre
d'expression auquel il soit donné de remplir
avec gloire cette magistrature publique. En
portant nos pas dans la galerie du Luxem-
bourg, voilà sur quoi nous voudrions que
nos regards pussent tomber, de préférence à
quelques sujets sans caractère au milieu desquels on traverse le palais de la pairie, au
sein de la capitale de la France. Les tableaux
de M. David se font remarquer entre ceux
que nos reproches ne peuvent atteindre. Son

talent s'est emparé des traits mémorables de l'existence de deux grands peuples. Plus belles que celles dont l'orgueil national eût pu décorer le Capitole et le Pœcile, ses toiles arrêteront le promeneur attentif ; on pense au moins devant celles-là !

Les honneurs funèbres rendus à Phocion par une famille villageoise de Mégare, formaient le motif d'une composition propre à exciter le même intérêt; il faut savoir gré à M. Meynier de cet excellent choix; mais en a-t-il tiré tout le parti possible? tout en reconnaissant chez cet artiste un faire large, une grande facilité à grouper une action, à poser ses personnages, à les balancer même, nous sommes forcés de reconnaître que sa composition pèche dans quelques parties par défaut, et que les acteurs ne s'y ressentent pas assez du sublime devoir dont ils s'acquittent. C'est dans l'ombre du mystère et à la lueur d'un feu nocturne que s'exécute cet acte religieux : après avoir brûlé le corps de Phocion, une femme de Mégare en dépose les cendres avec recueillement dans une excavation pratiquée au pied de l'autel de ses dieux domestiques. Deux de ses filles, diversement émues, prennent à cette cérémonie sainte la part que leur assignent leurs âges distans de quelques années, tandis que debout derrière l'une d'elles, leur père tenant par la main son jeune fils qu'il vient d'enlever au sommeil, montre à cet enfant comment Athènes récompense ses grands hommes, et comment les grands citoyens n'en font pas moins leur devoir. Un esclave en station avec une lampe, près de la porte, veille à ce que la pieuse famille de Mégare ne soit pas troublée dans ces soins touchans. Qui ne dirait que ce tableau est heureusement conçu et qu'une telle disposition est à peu près la meilleure dont pût s'aviser un artiste? nous l'eussions cru nous-mêmes, et pourtant la toile de M. Meynier laisse beaucoup à désirer. Nous n'attaquerons pas le dessin des figures; nous accorderons qu'elles participent à une assez bonne couleur locale; mais il leur manque le sentiment de ce qu'elles voient, de ce qu'elles font, de ce qu'elles se disent, de ce qu'elles doivent éprouver; sentiment sans lequel le spectateur reste impassible. Celui-ci en effet ne peut faire autre chose que partager des émotions. Où elles défaillent aux principaux personnages, comment voulez-vous qu'il en éprouve? où prétendez-vous qu'il les prenne? dans son propre cœur: alors ils n'a aucun besoin de visiter un musée. Il les demande à la peinture; et si elle ne les lui donne, elle n'est plus qu'une vaine et coûteuse superfluité. Le moindre livre, la plus simple chronique le servira mieux. Au lieu d'un froid récit il voulait une action, vous la lui aviez promise; il accourait pour vous apporter en échange toute son attention et toute son âme; qui de vous deux manque à sa parole?

Le Sueur et le Poussin tiendront à leurs engagemens; philosophes et peintres tout ensemble, ils n'auront garde de vous tromper. Le cœur humain leur est connu. Après y avoir lu à livre ouvert, ils ne feront qu'en placer sous vos yeux les pages admirables. Le premier, sage comme Raphaël, vrai comme la nature, à l'exemple de ces maîtres a parlé éloquemment la langue des passions. Il n'a point créé l'expression; mais la saisissant dans le commerce de la vie, ou l'enlevant à l'aide d'une méditation profonde, il l'a transportée sur la toile avec un tel succès que nous savons, en regardant ses personnages, ce que chacun d'entre eux attend, ce qu'il a dit, ce qu'il va dire, ce qu'il a fait ou ce qu'il va faire. Souvent par un geste il nous l'enseigne; quelquefois en laissant entrevoir un coin du visage, il nous apprend ce que doit être la face entière. Ainsi, dans le tableau où le fondateur des chartreux passe l'habit de son ordre à des novices, un des profès vu du dos, par son attitude nous permet de deviner l'attendrissement admiratif que produit sur lui cette consécration, comme s'il se retournait à l'instant même vers le spectateur. Cette étonnante histoire d'un simple moine, suffirait pour retracer, dans un genre grave et austère, toutes les impressions qui peuvent affecter la figure humaine. Quel tableau que celui de la lecture de la lettre! tandis que le supérieur de la communauté arrête ses yeux avec calme sur l'écrit qu'on vient de lui remettre en présence de deux cénobites, l'un paraît recueilli en lui-même comme ne devant pas seulement chercher à pénétrer dans la pensée de son chef, et l'autre plus jeune, sans doute par la même discrétion, a baissé les yeux vers la terre. Voyez le lit de mort de St. Bruno; étudiez les figures qui l'entourent : tous les caractères de la douleur viendront vous frapper ou vous plonger dans une mélancolie religieuse. Ici c'est une tristesse expansive, là le sentiment profond d'une grande perte; ailleurs, la vénération du saint que la mort vient de ravir à la terre; dans une autre partie du tableau brillera un léger et pâle rayon de cette amitié affectueuse accordée à l'homme lui-même, et que l'abandon des choses de ce monde n'est point encore parvenu à éteindre dans le cœur des disciples de Bruno. Vous êtes au milieu d'un couvent : vous assistez à une scène de mort; il n'y a plus rien là de la terre que ce qui va y rentrer; il n'y a plus rien là de la vie humaine et de ses intétêts que la pensée qui s'en détache! c'est tout un poëme dans le genre mélancolique. Mais qui l'eût composé avec cette perfection, parmi les écrivains voués au culte des muses? Est-ce Gray? est-ce Delille? non : le cygne de l'ancienne Rome seul eût pu faire entendre des accens aussi tristes et aussi doux. Certainement M. Granet n'a pas revu ce tableau avant de risquer celui de la Mort d'un capucin, dernièrement exposé par lui dans le salon de la société des Amis des Arts ; ou, dans l'oubli de son propre talent, il est bien coupable à nos yeux.

Qu'il nous soit permis d'exprimer, par une dernière réflexion, notre sentiment tout entier sur la galerie des chartreux ! Cette suite de tableaux est tellement précieuse à notre avis, que nous formons un vœu auquel doivent s'associer tous les zélateurs des arts et de la gloire de l'école française. Plusieurs peintres célèbres n'ont pas dédaigné de copier les ouvrages des grands maîtres. André del Sarto accorda plus d'une fois cet honneur à Raphaël, qui en était bien digne. Annibal Carrache ne fit pas moins pour le Corrège [1]. Nous souhaiterions qu'aujourd'hui le gouvernement invitât quelqu'un de nos artistes du premier ordre à préserver d'une destruction prochaine l'histoire de saint Bruno, qui, après avoir été mutilée par l'envie, se

---

[1] Il existe en France plusieurs copies du Poussin, faites par Loire ; elles sont tellement en rapport avec leurs modèles, que déjà quelques-unes sont confondues avec les originaux, dont elles perpétueront ainsi la durée. On attribue encore quelques copies, faites d'après le même maître, à Sébastien Bourdon.

ressent déjà des ravages du temps, comme
de ceux du bleu d'Outremer prodigué sur
quelques toiles. Le pinceau de M. Gros,
duquel nous nous entretiendrons incessam-
ment, serait bien propre à donner une seconde vie à cette précieuse collection, dont
le dépôt, dans le département du Rhône,
par exemple, offrirait un digne aliment au
génie des jeunes artistes qui, sans participer
aux leçons de la capitale, ont acquis des droits
récens à sa bienveillance.

Si le Sueur a bien mérité de l'art, nous
ne pouvons nous dissimuler qu'il y est parvenu par l'expression. Sa supériorité dans
cette partie le place en première ligne des
hommes les plus éminens de toutes les écoles,
peut-être immédiatement après le peintre
d'Urbin lui-même, qu'il n'étudia guère que sur
des estampes. Mieux partagés, les élèves français ont, aujourd'hui, la faculté de contempler
des originaux où les secrets de la science se
montrent presque sans voiles. Nous les in-
vitons à réfléchir sur cet avantage de position. Le voyage de Rome est utile, nous ne
le nions pas ; mais, avant de l'avoir entrepris,
Drouais avait fait sa Cananéenne, et il ne

l'a point surpassée ; cependant , à cette époque, l'école possédait moins de beaux modèles qu'elle n'en a maintenant sous les yeux.

Sans être aussi noble et aussi gracieux dans ses attitudes, sans avoir la même pureté de dessin, le Poussin, moins savant encore dans le coloris, a mis plus de poésie que le Sueur dans ses compositions, mais peut-être avec quelque recherche. Son expression moins fine et moins délicate est également vraie et naturelle, quand il ne la force pas. C'est par ce côté que brillent ses tableaux, où il dépose presque toujours une grande pensée, où un grand sentiment s'adresse à l'âme, et finit par y laisser une trace profonde. Nourri de l'étude de l'antique, cet artiste nous transporte au milieu des Hébreux, des Grecs et des Romains, dont il ne s'est pas borné à saisir fidèlement le costume, mais qu'il a rendus vivans, par l'exacte représentation des intérêts de la vie mise en mouvement sur la toile. Plus varié dans ses sujets que le Sueur, il n'a pas eu autant de largeur et d'aisance dans le jet des draperies, infériorité bien compensée par une entente particulière du paysage, un choix de fabriques et une beauté de lignes justement exigées aujourd'hui dans ces sortes de compositions.

L'Italie, où il a long-temps vécu, revendique le Poussin ; la France, où il a fait les premières études de son art, à laquelle, dans la force de son talent, il a consacré trois de ses années, que vinrent chercher, à travers les monts, presque tous ses tableaux de chevalet, et qui a le bonheur de les posséder encore, le réclame avec autant de motifs. Ainsi, voilà deux hommes de génie qui occupent une place distinguée dans les fastes de la peinture, et tous les deux l'ont conquise par l'expression. Reconnaissons que plusieurs artistes français marchent aujourd'hui dignement sur leurs vestiges prêts à s'effacer, il y a trente ans, si une révolution ne s'était opérée dans l'école. N'est-ce pas l'expression qui recommande les tableaux de M. Gros ? n'est-ce pas elle que nous avons admirée dans la *Peste de Jaffa*, dans le *Saut de Leucade ?* Que leur auteur ne s'y trompe pas : nous ne contestons pas ses droits au titre d'excellent coloriste ; mais nous croyons qu'il s'égarerait bientôt avec ses élèves, s'il s'ima-

ginait que cette qualité est la première de l'art,
et qu'elle n'est pas subordonnée à l'expression.
Déjà nous avons remarqué, dans ce qui sort
de l'atelier de ce maître, une tendance in-
quiétante à faire briller des formes aux dé-
pens de celle-ci, à prodiguer le nu sans
qu'il soit exigé par le sujet, et à pousser de
ton des chairs animées, à la vérité, et savantes
d'étude, mais qui ne nous semblent pas
toujours parler suffisamment à l'âme ou à
l'esprit. Aux hommes de talent, il suffit d'indiquer l'écueil pour être sûr qu'il sera bientôt
évité.

Où est le mérite de l'admirable tableau de
Gustave Vasa par M. Hersent, si ce n'est
dans l'expression? Oui, l'expression touche
ici au sublime, parce qu'une même pensée,
diversement réfléchie sur trente figures, se
confond dans un seul sentiment pour le
spectateur, associé à l'émotion de tous, et
appelé, par-là, à faire partie de l'une des
scènes les plus touchantes dont la toile ait
jamais conservé l'image [1].

---

[1] Nous plaçons à la fin du troisième volume de cet ouvrage, le jugement que nous portâmes de ce tableau dans
le temps où il parut.

Un jeune artiste a fixé l'attention depuis plusieurs années. Né dans une famille où le talent est héréditaire, et où son aïeul a laissé une grande réputation, il n'a pas été écrasé de celle-ci. Bien au contraire, il en reçoit et il lui communique un nouveau relief. Il a trouvé le secret de se créer un public avec un pinceau. Peut-être serait-il permis d'aller jusqu'à dire qu'il s'est fait une tribune, d'où ses vives et pittoresques improvisations réveillent tour à tour des sentimens nobles et touchans, humains et patriotiques. Ce succès, à beaucoup d'égards, a été mérité par l'expression. Qui aura vu les ouvrages de M. Horace Vernet s'en sera convaincu. Nous osons lui affirmer à lui-même que c'est par cette route qu'il est parvenu à la renommée, et qu'il s'en écarterait si, dans son jet rapide, il soignait peu ses compositions ; s'il y répandait plus de glacis que de ces teintes solides qui, habilement maniées, résistent à l'outrage des ans ; s'il visait, par des contrastes piquans, à un effet qu'il est bien plus sûr d'atteindre par un sentiment réfléchi, et si la rapidité de son travail ne lui permettait pas d'achever et de fixer à jamais sur la toile

la pensée qu'il a souvent très-heureusement
conçue. Nous nous comptons au nombre des
admirateurs de M. Horace Vernet ; nous
croyons que tous les ouvrages auxquels il
donnera des soins seront recherchés ; mais,
par intérêt pour l'art, nous serions fâchés
que, dans la supposition précédente, il fît
école. Heureux de posséder un pinceau aussi
piquant et aussi original, flattés même d'en
pouvoir montrer les produits aux étrangers
qui nous visitent, nous craindrions trop
qu'il ne passât entre les mains de serviles
copistes, avec toutes ses négligences, mais
dépourvu des qualités qui le recommandent !

L'expression, nous le répéterons jusqu'à
satiété, fut la gloire de l'école romaine,
tant que le génie de Raphaël gouverna les
destinées de cette école. Favorisés par l'étude
de l'antique, dont les beaux et sublimes
débris sortaient presque de terre sous leurs
pas, les artistes du quinzième siècle y pui-
sèrent un sentiment vrai des passions, le
goût d'un dessin pur et celui des formes
nobles et gracieuses, alliées à une sage simplicité. Avec de pareils guides, ils devaient arriver bientôt à cette parfaite entente de com-

position qui les distingue, et dans laquelle, bien certainement, ils ont surpassé les anciens eux-mêmes. Dire que Raphaël est le premier des artistes de cette école, c'est le placer en tête de toutes, puisqu'elle est celle qui réunit le plus de ces parties, dont l'ensemble constituerait, dans un seul sujet, la perfection de l'art. Une pareille décision ne se ressent d'aucun engouement. Les ouvrages de Raphaël, par les estampes, existent partout où on n'a pas l'avantage de les posséder en originaux. Malgré les grandes pertes que nous avons à pleurer en compositions capitales de ce maître, notre Musée renferme encore assez de ses admirables productions pour permettre de l'apprécier avec connaissance de cause; on peut leur opposer celles des autres écoles, et le jugement n'embarrassera que les hommes étrangers, non-seulement au sentiment de l'art, mais à toutes les impressions de la nature; car le peintre d'Urbin s'est éminemment distingué par l'expression. Chez lui elle est toujours appropriée à l'âge, à la profession, au sexe, à la situation du moindre personnage mis en scène. De là cette vie qui anime ses tableaux, cet instinct de vérité qui y transpire, cette participation du spectateur aux actes qu'on lui présente, et ce charme tout-puissant qui ne laisse l'œil et la pensée s'en détacher qu'avec regret, comme si l'âme ne devait trouver que là un repos en rapport avec ses sympathies.

Riche des trésors de l'antiquité, que sont venus grossir de leurs chefs-d'œuvres les élèves de ce grand homme, l'école romaine a cessé depuis long-temps de produire. Contente de vivre de sa gloire acquise au milieu des monumens inspirateurs de toutes les époques qui l'accusent, par cela même qu'ils ne l'inspirent plus, elle ressemble à ces êtres oisifs qui, dans le système nouveau de l'Europe, voudraient fonder leur pouvoir sur un héritage de souvenirs ; mais ces sortes de substitutions n'existent pas plus dans les arts que dans le code civil de la France ; pour être quelque chose désormais, il faut l'être par soi. Les places ne sont plus gardées nulle part ; elles appartiennent à celui qui vient les occuper en personne, c'est-à-dire, avec les droits du talent et du génie. Quelle déchéance ! Rome, aujourd'hui réduite à citer les gouaches de Bersanti, les incrustations d'Angeloni, et les petites mosaïques qui se fabriquent dans l'atelier de Saint-Pierre, à côté de la chapelle Sixtine, peinte par Michel-Ange, et non loin des loges du Vatican, à jamais illustrées par le pinceau de Raphaël!....

Il est vrai que l'on parle quelquefois des tableaux de Landi et de Cammucini; mais quelle distance de ces productions à celles de l'école française actuelle! comme l'expression en est faible, et le faire timide, quoique soigné dans ses détails! Cependant nous ne saurions oublier que la belle édition du *Virgile*, publiée par la duchesse de Devonshire, et dont un exemplaire nous a été communiqué par madame Récamier, à laquelle en fit don cette célèbre protectrice des arts, a pour principal ornement une estampe gravée d'après un tableau de Cammucini. Nous y avons remarqué, autant qu'il nous a été possible d'en juger sur un simple cuivre d'une dimension peu étendue, une ordonnance de composition sage, et une expression d'attitudes et de têtes assez naturelle. Le costume y est bien observé, merite certainement de rigueur dans une ville où les simples pierres des pavés crieraient contre la moindre inexactitude en ce genre. L'artiste a fait choix du moment où le poëte lit à César-Auguste, en présence d'Octavie sa sœur, de l'impératrice Livie son épouse, et de son favori Mécènes, ce beau passage du sixième livre de l'*Énéide*, qui, réveillant la douleur mal assoupie d'une mère, au nom du jeune Marcellus, enlevé à la fleur des ans, arracha des larmes à son auditoire, et principalement à Octavie.

Docile au premier mouvement que lui imprima Massacio, et qu'accrut Buonarotti, l'école de Florence semble avoir placé davantage l'expression dans la saillie des muscles et dans des effets anatomiques obtenus sur les membres, que dans les traits du visage. Sacrifiant moins aux Grâces qu'à la vigueur, elle peignit la nature humaine sous un aspect gigantesque. En voyant les tableaux qu'on lui doit, on croit avoir devant les yeux les héros d'Homère, mais non les jeunes déités et les belles Troyennes que le père de la fable fit errer sur les bords du Scamandre et du Simoïs. La première en date de toutes les écoles d'Italie , elle donna le signal de la renaissance des arts , ensevelis depuis des siècles sous les débris de la grande ville. C'est par elle que fut rallumé le flambeau du génie. Quand elle transmit à la toile les conceptions énergiques du Dante, qu'elle pouvait réclamer comme son bien , puisque les poésies de cet écrivain , né à Florence , ne sont que des peintures , dans le genre sombre de ses propres tableaux , elle pécha peut-être par excès , mais elle communiqua aussi à l'art une grandeur que la médiocrité peut rarement atteindre. Au reste , il était naturel qu'ayant vu le jour au milieu des dessins étrusques assez fortement articulés, elle se ressentît de cette origine. Ici semble survivre l'austérité du culte primitif : les aruspices et les augures de l'Étrurie gouvernèrent Rome ancienne ; ils firent pâlir plus d'une fois son sénat et ses consuls , et c'est par une sorte de continuation du même pouvoir que l'Arétin trembla devant l'Enfer de Michel-Ange.

Il faut que les peintres vénitiens aient porté bien loin la magie de la couleur, pour nous charmer autant qu'ils le font , après

avoir aussi peu soigné l'expression dans
leurs tableaux. On aurait encore un autre
reproche non moins essentiel à leur adresser
sur le défaut d'unité, dont leurs compositions
sont souvent entachées. Ce dernier tort tient
presque toujours au précédent; car si leurs
figures, entrant dans l'action représentée,
disaient ce qu'elles doivent dire, l'effet général ne manquerait certainement pas d'ensemble; mais ils les multiplient, et presque
toujours sur le même plan. C'est une galerie
de portraits, aux chairs et aux draperies
desquels on ne saurait refuser beaucoup de
vérité, mais qui prennent trop peu de part
à ce qui se passe sous leurs yeux. L'air y
circule librement, nous en convenons; qu'importe, quand l'intérêt n'est pas appelé sur
un fait principal, quand les épisodes ne sont
pas subordonnés à celui-ci, et quand le
spectateur n'en conserve d'autre impression
que celle d'avoir assisté à une assemblée de
grands personnages sans caractère, revêtus
de leurs habits de cour?

Cependant ne soyons pas trop rigoureux envers une école à laquelle nous devons le Titien,
bien supérieur, pour l'expression, à plusieurs
peintres

peintres qu'elle a donnés, et leur égal à tous dans le coloris. Les femmes et les enfans ont principalement reçu de son pinceau des formes qui, sans être toujours correctes, brillent de grâce et de fraîcheur. Ses teintes suaves, légères, et fondues avec un art infini, rendent à la peau toute sa transparence, et répètent les plus agréables accidens dont elle est le théâtre. Par lui la toile a souvent connu ce qu'il y a de plus doux dans la beauté. Celles de ses productions que renferme le Musée français, quoique endommagées par le temps, déposent de ces qualités bien plus apparentes dans un Candaule qui, épris des charmes de son épouse, a l'imprudence, pendant qu'elle est livrée au sommeil, d'en rendre spectateur son favori Gigès [1]. On conçoit ce que peut être un pareil sujet peint par le Titien ; aussi nous n'aurons garde de nous y appesantir ; nous regrettons seulement que, du cabinet où il

---

[1] Ce tableau, de grandeur naturelle, que nous ne pouvons qu'attribuer au Titien, et que nous regardons comme l'un des mieux conservés de ce maître, appartient à M. Ange Clô, imprimeur, rue Saint-Jacques.

est ignoré, il n'ait pas déjà passé dans la
collection du Louvre.

L'expression étant indispensable aux tableaux d'histoire qui n'ont d'existence que
par elle, sans refuser notre admiration aux
productions des peintres vénitiens, nous
croyons que ceux-ci ont négligé la première
partie de leur art. Riches de figures et de vête-
mens, pauvres d'idées, ils ont trop peu parlé
à l'esprit. C'est ce qu'il serait facile de dé-
montrer, en soumettant à une courte ana-
lyse, la magnifique composition des Noces
de Cana, où les yeux s'arrêtent surtout in-
distinctement sans rencontrer une action
principale, et où le miracle de la transmu-
tation de l'eau en vin ne communique pas
la plus légère émotion aux physionomies de
ceux-là mêmes entre les mains desquels il
s'opère. Nous aimons mieux arrêter nos regards sur la Femme adultère du Titien, que
le graveur Anderlony vient de nous faire
connaître par une très-belle estampe. Cet
examen aura peut-être son utilité pour les
jeunes artistes. Ils voient tous les jours le
tableau de Paul Véronèse : il est bon de rai-
sonner sur l'autre, qui y prête davantage

par un plus haut degré de mérite dans les caractères de tête, c'est-à-dire, dans la partie qui nous occupe, et dont nous avons à cœur de signaler l'importance.

Le groupe principal est d'une pose bien entendue. Par ordre des scribes et des pharisiens, un garde de la ville vient de conduire devant Jésus la femme dont l'absolution, ou la condamnation, doit être également un piége pour son juge. Cette figure, les mains croisées sur la poitrine, le regard baissé, drapée ainsi qu'il convient à sa faute, est d'un bon choix d'expression. Entouré de ses ennemis secrets, à l'autre côté du tableau, Jésus leur montre du doigt les caractères qu'il a tracés sur le sol; une main qui retient, à la hauteur de la hanche, un pan de son manteau, rappelle l'attitude courbée dans laquelle il écrivait. Cette fin de mouvement, plus fréquente encore dans Raphaël, est très-heureuse. La tête du Christ est belle, noble, sévère, et, ce qui est d'un grand art, cette austérité commandée par la circonstance laisse transpirer un fonds naturel de douceur. Disposés sur divers plans, les pharisiens et les docteurs écoutent, regardent ou s'entretiennent entre eux. Dans cette partie de la composition, le dessin, le coloris, les jours, les demi-teintes, les draperies, si ce n'est que ces dernières sont plus vénitiennes que judaïques, méritent un égal tribut d'éloges. Mais avouons-le : sur douze figures, dix sont nulles ou fausses d'expression. Ici une froide curiosité; là un air d'attendrissement, d'autant plus déplacé que c'est celui des principaux personnages, de ceux-là même qui se sont constitués les interrogateurs du fils de Marie; ailleurs de la distraction ou de l'indifférence; nulle part, ne perce la surprise que doit causer la réponse de Jésus, le mécontentement de le voir échapper à ce nouveau piége, et la confusion de consciences, qui n'osent s'interroger, parce qu'elles ne se sentent pas sans reproches.

Nous ne saurions nous dispenser de reconnaître qu'à la droite du tableau, un groupe de quatre jeunes juives, parfaitement conçu, forme un épisode plein d'intérêt, et que l'expression en est dérobée à la nature. L'une, la tête légèrement inclinée sur la poitrine, ne semble pas exempte de cet embarras propre à faire croire que toutes les fautes, du genre de celle dont le jugement se prépare, ne sont pas connues; une autre, d'un âge plus tendre, paraît suivre le fil de quelques idées nouvelles qui viennent de trouver accès dans son esprit; la troisième se livre à une commisération expansive; elle regarde tendrement l'accusée; elle pleure sur cette infortunée créature et sur la sentence qui la menace; elle voudrait intercéder, et c'est ce qui est indiqué en perfection par son geste; car, en se retournant, elle jette, avec abandon son bras sur l'épaule d'une amie ou d'une sœur, plus âgée, qui est à ses côtés; mais celle-ci regarde la coupable sans s'émouvoir : au contraire, ses yeux sont armés de sévérité, tandis que d'un mouvement de bras plein de naturel, elle retient par la main un enfant qui se joue. Tout est expliqué; elle est épouse, elle est mère; elle n'a pu voir avec indifférence une infraction de la foi conjugale. Du reste, ces figures sont d'un crayon ferme et vrai; seulement l'artiste eût pu se dispenser de coiffer avec art, et d'entourer de nattes la tête de la dernière, qui, pour obéir à la loi juive, devait avoir les cheveux coupés.

Ce groupe est d'un grand maître, et, pourtant, il nuit au corps de l'action, avec laquelle il se prolonge sur une seule ligne dont l'étendue, frappée d'un même coup de lumière, est hors de toute mesure. Ainsi ce tableau manque de repos; il n'a rien de central; l'œil ne sait où s'arrêter; et ce que nous nous permettons de dire à ce sujet est si exact, qu'en couvrant dans cette composition les quatre jeunes femmes du plat de la main, on lui rendrait à l'instant le caractère d'unité qui lui manque. Ce n'est pas dire pour cela qu'il fallût les sacrifier, car l'expression en est très-heureuse; mais seulement elles demandaient à reculer de quelques pas sur la toile.

Le Poussin a traité le même sujet. Si quelque chose est en moins sur ses figures, ce n'est pas l'expression; nous serions même tentés de la croire outrée, et notre remarque tomberait principalement sur les deux pharisiens qui semblent se porter le défi réciproque de frapper la femme adultère. Celle-ci, pauvre de dessin et de coloris, agenouillée

piteusement devant le Christ, montre bien
un repentir mêlé de confusion ; mais sa douleur, comme son physique, appartient trop
à une nature dégradée ; sorte de contradiction évitée par le Titien, qui, en relevant
son sujet, s'est montré en cela supérieur au
peintre des Andelys. La stature des pharisiens, celle même de Jésus, est courte, ce
qui leur donne à tous un aspect commun.
Malgré les éloges prodigués à cet ouvrage
d'un artiste dont nous adorons presque le
talent, et dont nous respectons la mémoire,
nous croyons que, cette fois, son génie a
sommeillé. Il y avait de l'avantage (et il ne
nous en coûte pas de le reconnaître) à saisir
l'instant où les scribes et les docteurs, après
avoir lu des paroles de pardon pour l'accusée, mais foudroyantes pour eux, se re-
tirent, les plus vieux les premiers, en se
faisant de mutuels reproches : mais n'eût-il
pas été à souhaiter qu'on eût mis plus de
variété dans ce mouvement, et devait-il aller
jusqu'à la rage ? car, dans ce tableau, le
Poussin a porté tout aussi loin son expression.

Si l'un des pharisiens, après avoir terminé

sa lecture, avait baissé la tête en signe d'une morne confusion;... si un autre, un genou encore en terre pour regarder les lettres odieuses, avait laissé deviner sur son front la mauvaise humeur d'un homme désappointé dans ses vues, et qui d'accusateur devient accusé;... si un troisième, prêt à quitter le lieu de la scène, en se tournant vers la femme repentante, avait semblé la féliciter, avec un sourire ironique, de la clémence de son juge, comme d'un encouragement donné aux mauvaises mœurs;... et si, enfin, un des docteurs de la loi, en s'éloignant, avait lancé sur le Christ du Titien, un de ces regards dans lesquels on eût pu lire la catastrophe prochaine de Golgotha!.... Nous demandons grâce pour ces doutes, que nous voudrions offrir, sous une forme encore plus modeste, à la méditation de ceux, auxquels le pinceau obéit mieux que notre plume ne se prête à rendre notre pensée. Puisse l'état d'imperfection dans lequel nous laissons cette dernière, par respect pour deux grands hommes, servir d'excuse à la hardiesse que nous avons eue de la produire! « On lui a remis beau-
» coup, parce qu'elle a beaucoup aimé, »

a-t-il été dit d'une célèbre pécheresse : espérons que notre amour de l'art, auprès de ceux qui l'exercent, deviendra un titre à la même indulgence.

CHAPITRE XVI.

DERNIÈRE QUESTION RELATIVE A L'EXPRESSION DANS LA PEINTURE ET DANS LA SCULPTURE.

On ne s'étonnera pas que, de toutes les parties de la peinture et de la statuaire, l'expression soit celle qui nous occupe le plus long-temps. Tout l'art est là ; le reste n'est que du métier, dans lequel, avec de la patience et du travail, on fait des progrès plus ou moins rapides. L'importance que ce sujet a pris sous notre plume est donc justifiée. Nous ne parlerons pas du *style* et de la *vérité* dans la composition sans qu'il y trouve encore sa place ; tant il est vrai que le peintre et le sculpteur ne doivent pas uniquement transporter des formes sur la toile ou en donner au marbre, mais qu'ils sont tenus à nous les offrir avec ce mouvement de vie intelligente qui semble pénétrer ici-bas jusque dans le sein de la matière.

Une question assez importante, qui tient à l'idéalisme du BEAU, s'est élevée. Nous la trancherons dans le sens des partisans de celui-ci, mais par d'autres motifs que ceux qui les décident ; car nous n'exigerons jamais, de l'artiste, autre chose qu'une traduction fidèle du langage de la nature. Les avis se partagent sur l'expression *composée*, c'est-à-dire, sur celle qui, dans une physionomie, est censée naître d'un double sentiment. Sir Josué Reynolds, écrivain non moins judicieux que peintre distingué, croit au-dessus de la puissance de l'art de faire dire à la toile deux choses contradictoires, ou qui, si elles ne s'excluent pas, seraient au moins diverses dans leur interprétation. Nous lui accorderons que plus d'un enthousiaste a vu dans un tableau ce qui n'y est pas, et ce que son auteur n'a pas même songé à y mettre. La peinture a eu aussi sa dent d'or, comme l'histoire naturelle. On pourrait citer en témoignage le fameux tableau de l'*Arcadie*, auquel l'abbé Delisle a consacré de fort beaux vers, sans l'avoir probablement jamais vu. Aussi avons-nous rencontré nombre de gens qui, dans leur tête et à l'exemple du poëte français, composaient ce paysage tout autrement qu'il n'est en réalité. La fameuse Cène de Léonard Vinci a éprouvé nouvellement le même sort. En procédant de cette manière à l'examen des ouvrages d'imitation, on y voit tout ce qu'on veut, comme dans certains astres, et la science du connaisseur se réduit à hasarder, avec quelque facilité, des conjectures plus ou moins probables. Nous n'admettrons jamais, dans les arts, cet illuminisme qui nous est nouvellement arrivé de la Germanie. Dès qu'il s'agit de leur laisser ou de leur enlever la possibilité heureuse de produire de grands effets, le seul moyen de mettre fin aux incertitudes est, à notre avis, d'interroger la nature et d'accepter l'oracle ! si celle-ci permet au visage humain de recevoir à la fois l'empreinte de deux sentimens, nul doute qu'un habile artiste ne puisse, ne doive même les rendre identiques dans sa composition. C'est donc d'un fait dont il s'agit présentement, et le problème sera bientôt résolu.

Nous ne citerons pas ici, comme une preuve péremptoire, la tête de Marie de Médicis, sur laquelle Rubens a mêlé avec habileté la joie d'une mère aux douleurs mal éteintes de l'enfantement ; mais nous demanderons si on ne rencontre pas tous les jours, par le monde, de ces sortes de gens qui, conversant avec vous, semblent occupés à faire marcher de front deux pensées diverses ? Soyez sûr que ces deux pensées sont deux intérêts, dans lesquels le vôtre a la moindre part. D'un œil ils vous caressent, de l'autre ils vous étudient; d'une main ils sèment des fleurs sur les pas de votre amour-propre ; de l'autre ils font une récolte plus fructueuse pour leur ambition ; maîtres de leur bouche, ils ne le sont pas de leurs regards ; enfin, ne vous êtes-vous jamais trouvé en présence d'individus qui, vous rencontrant pour la première fois, au milieu de leurs formules de civilité, sur un front expansif en apparence, laissaient percer un caractère dur ou cauteleux, et dont le sourire, peu d'accord avec l'œil, devenait presque une menace ? Si vous convenez de l'existence de ces êtres, si l'impression que vous avez pu en recevoir vous est encore présente, et si elle a pesé sur vous comme un songe funeste, nous ne voyons pas pour-

quoi elle n'entrerait pas dans le domaine
des arts d'imitation. Nous savons que, pour
rendre ces physionomies, le talent est obligé
d'user de toute sa science, et c'est justement
une raison pour ne pas les lui interdire.
Dans le cas contraire, de bons tableaux
n'existeraient pas, notamment le Charles-
Quint visitant l'église de Saint-Denis, crai-
gnant une surprise qu'il a méritée, et affec-
tant, avec François Ier., une assurance qu'il
est de son intérêt de ne pas laisser mettre
en doute. Riche de coloris, cet ouvrage, de
M. Gros, l'est encore d'expression; le con-
traste des têtes des deux princes y est d'autant plus remarquable, que, parfaitement
d'accord avec une situation donnée, il renferme le secret de leurs caractères respec-
tifs.

Nous porterons le même jugement d'une
composition de M. Wafflard, auquel il suffira de mûrir ses pensées pour les faire parler avec l'accent qui leur est propre. Quand
il nous montre le cardinal de Retz qui sort
d'une situation périlleuse par sa présence
d'esprit, et qui impose aux ouvriers et aux
femmes, dont les pierres le menacent, en

forçant le chef de ses adversaires, le prince
de Condé lui-même, à subir sa bénédiction,
il a bien senti que l'expression devait laisser
une double empreinte, au moins sur deux
figures, celle du cardinal, dont le sourire
imperceptible annonce le triomphe dans la
gravité même d'un acte religieux, et celle
du guerrier, qui s'incline avec dépit devant
l'ennemi dont il médite la défaite. Il faut
avouer que cette rencontre renferme quelque
chose de très-piquant. En indiquant ce sujet
de tableau à l'artiste, M. Lafitte, protecteur éclairé des arts, a fait preuve de goût ;
mais on ne pouvait répondre dignement à
son choix que par des preuves de talent,
comme l'a fait M. Wafflard.

Si les oppositions et les combinaisons de
sentiment étaient interdites à la statuaire et
à la peinture, leur cercle serait bien resserré. Il faudrait alors en écarter et les ruses
d'Ulysse, et l'embarras d'Achille à la cour
de Lycomède, et la fourbe de Sinon, et
les perfidies de l'Amour, dont le regard ca-
resse quand sa main déchire. Que dis-je !
combien de traits de l'histoire ancienne,
combien de faits consignés dans les annales

des peuples modernes échapperaient à la toile et au marbre ! Le courage de Régulus, s'arrachant des bras de sa femme et de ses enfans, pour tenir à la parole laissée chez les barbares avides de son supplice ; la lutte du sang et de l'amour de la patrie dans le cœur du premier des Brutus ; Virginie égorgée de la main de son père, qui n'a que ce moyen de la dérober à la luxure d'un infâme décemvir [1] ; Jephté sacrifiant sa fille pour obéir à un vœu sacrilége ; en un mot toutes les vengeances couvertes du voile de l'amitié, tous les combats de l'amour et de la pudeur, toutes les conquêtes du devoir

---

[1] Tel a été le sujet d'un tableau à grande fabrique, exécuté par M. Doyen, et que nous ne connaissons que d'après une estampe assez médiocre ; car M. de Caylus en fit l'acquisition, à vil prix, pour la cour de Parme. Le style de cet auteur, qui a vécu pendant la décadence du goût, s'est moins ressenti de celle-ci que d'un genre heurté vers lequel le porta l'étude de Michel-Ange et celle de Jouvenet. Si sa touche est quelquefois en rapport avec celle de ce dernier artiste, il est malheureux qu'il n'ait pas eu avec lui d'autres conformités, car la Descente de croix de Jouvenet est un des plus beaux morceaux de l'école française. Rubens a été rarement au delà.

sur les sens , et de la sainte humanité sur l'intérêt personnel , enfin, ce qu'il y a de plus dramatique dans l'homme serait condamné à rester dans les livres , faute de trouver ailleurs un langage de vérité. Cependant le charme d'une double expression, bien rendue, agit fortement sur le spectateur , à l'esprit duquel elle laisse encore quelque chose à démêler. L'artiste , assez adroit pour toucher cette corde , ne l'aura pas ébranlée sans succès ; il n'aura pas mis en opposition les grandes puissances de la vie , sans se rendre maître de notre âme toute entière. Dans l'examen de ce mélange de sentimens , il nous aura forcés à la réflexion : douce ou déchirante , celle-ci , en devenant son ouvrage , sera pour lui un titre de plus à notre estime. Qui a vu le Léonidas de M. David, a éprouvé cette nature d'émotions ; qui a bien compris cette tête, a lu une belle page d'Homère ou de Plutarque.

Au reste , sir Josué nous livre des armes contre sa propre opinion, quand il reproche à Pline le naturaliste d'avoir remarqué dans une statue de Pâris, par le célèbre Euphra-

nor [1], trois caractères différens : « ceux de
» juge des déesses, d'amant d'Hélène et de
» vainqueur d'Achille. » S'il objecte avec
Falconet, dont les écrits lui ont fait probablement partager cette opinion, qu'une
statue à laquelle on s'efforcerait de communiquer « la dignité du magistrat, les grâces
» de la jeunesse et la fierté de la valeur, »
ne pourrait posséder aucune de ces trois
qualités dans un degré éminent, nous répondrons qu'Euphranor eût été bien peu
versé dans les traditions de son pays, en
concevant son sujet comme semblent l'entendre le sculpteur français et le peintre de
la Grande-Bretagne. L'artiste grec a pu
voir, ainsi que le prétend Pline, un juge
dans la personne de Pâris, mais un juge
qui, n'ayant qu'une pomme à décerner à la
beauté, va prononcer entre trois rivales :
celles-ci sont déesses; mais elles sont femmes, mais elles reçoivent sa loi, mais elles
laissent tomber jusqu'au dernier voile de-

---

[1] Peintre et sculpteur à la fois, qui florissait au règne
d'Alexandre, c'est-à-dire, dans le temps auquel on rapporte la perfection de l'art chez les Grecs.

vant un berger lascif qui l'ordonne. En vérité, il y a parité entre le tribunal et les plaideurs. La gravité magistrale, demandée par sir Reynolds, serait donc un contre-sens ou une parodie.

Le ravisseur de la belle Hélène pouvait également se laisser deviner dans les traits d'un adolescent passionné pour des charmes qui lui promettent la volupté, et sur lequel la sagesse et l'ambition, figurées par deux déesses, n'ont point de prise. On peut s'attendre à ce qu'il osera en amour, quand il aura été initié au secret de sa naissance ! Le tableau de M. David ne nous l'a-t-il pas appris [1] ? ne devient-il pas, en faveur de l'artiste grec, une pièce de plus au procès ?

Quant à la qualité de *vainqueur* d'Achille, nous devons relever ici la substitution faite de ce mot à celui de *meurtrier*, employé par Pline. On pouvait tuer le fils de Thétis par surprise, mais non le vaincre ; or, nous ne croyons pas qu'un sourire faux, ou une

---

[1] Voyez l'examen de ce tableau dans le tome I.er.. gage 99.

expression de perfidie, fût incompatible
avec la morbidesse des formes, et l'air d'a-
bandon d'un jeune efféminé qui, n'osant
regarder Achille en face, se contenta de la
gloire facile de le blesser au talon. Ici rien ne
devait donc rappeler *la fierté de la valeur*,
suivant les propres termes de sir Josué.
Falconet, tout en dissertant sur le même
sujet, et en contestant sans motifs, suivant
nous, la probabilité de la triple expression,
au moins n'est pas tombé dans la même
méprise. On en jugera par le passage textuel
de son *Examen critique*, que nous allons
mettre sous les yeux du lecteur :

« Si Euphranor avait trouvé le secret
» merveilleux, et perdu depuis, de donner
» à la fois à une statue trois expressions
» différentes, manifestées en même temps,
» et dont chacune fut également claire pour
» le spectateur, Pline a eu tort de ne pas
» appuyer davantage sur une circonstance
» si extraordinaire, pour faire sentir dans
» toute son étendue l'inconcevable talent de
» l'artiste qu'il voulait célébrer, ce qui en
» valait mieux la peine que les détails qu'il
» a faits sur les raisins de Zeuxis, et sur la

» ligne fendue en quatre par Apelles et
» Parrhasius.

» Mais si les trois expressions, ou plutôt
» les trois idées renfermées dans le Pâris,
» étaient marquées, non par des signes
» contradictoires et inalliables dans une
» même statue, mais par des attributs qui
» rappelassent à ceux qui savaient son his-
» toire, trois principaux traits de sa vie,
» comme, par exemple, s'il tenait Hélène
» dans ses bras, ou que, près d'elle, il
» lui exprimât son amour ; si, en même
» temps, il tenait une pomme et une flèche,
» on pouvait aisément reconnaître l'amant
» d'Hélène, le juge des déesses et le meur-
» trier d'Achille. En ce cas, Pline aurait
» dû faire mention de ces attributs. Alors
» tout le merveilleux se serait évanoui ; il
» ne serait plus resté que le récit simple
» d'une ressource ordinaire de l'art pour
» caractériser une figure, l'emblème.

» Vous plaît-il davantage de croire que
» ces trois expressions étaient rendues sur
» la physionomie de Pâris ? Je le veux bien,
» pourvu cependant que vous puissiez al-
» lier, dans les traits d'un visage de bronze,

» l'air judicieux, imposant et majestueux, à
» l'air charmant, passionné, galant, et à
» l'air cruel, fourbe et lâche [1]. »

Nous croyons avoir suffisamment répondu aux objections, dont l'écrivain français entoure cette dernière hypothèse.

---

[1] Note 46 sur le 34e. livre de Pline , *OEuvres de Falconet* , tome I , page 109.

FIN DU SECOND VOLUME.

9 782329 610313